Memórias de uma Cigana

Elizabeth da Cigana Núbia

Ditado por Mercedes B.

Memórias de uma Cigana

MADRAS®

© 2022, Madras Editora Ltda.

Editor:
Wagner Veneziani Costa (*in memoriam*)

Produção e Capa:
Equipe Técnica Madras

Revisão:
Ana Lúcia Sesso
Renato de Mello Medeiros
Augusto do Nascimento

Dados Internacionais de Catalogação na Publicação
(CIP)(Câmara Brasileira do Livro, SP, Brasil)

B, Mercedes (Espírito)
Memórias de uma cigana/ditado pelo Espírito Mercedes B, [psicografia por] Elizabeth da Cigana Núbia. – São Paulo: Madras Editora, 2022.

ISBN 978-65-5620-030-9

1. Ciganos – Ensinamentos 2. Espiritualidade 3. Esoterismo 4. Magia I. Núbia, Elizabeth da Cigana. II. Título.

21-84946 CDD-133.44

Índices para catálogo sistemático:
1. Ciganos espirituais: Ocultismo 133.44
Aline Graziele Benitez – Bibliotecária – CRB-1/3129

É proibida a reprodução total ou parcial desta obra, de qualquer forma ou por qualquer meio eletrônico, mecânico, inclusive por meio de processos xerográficos, incluindo ainda o uso da internet, sem a permissão expressa da Madras Editora, na pessoa de seu editor (Lei nº 9.610, de 19/2/1998).

Todos os direitos desta edição reservados pela

MADRAS EDITORA LTDA.
Rua Paulo Gonçalves, 88 – Santana
CEP: 02403-020 – São Paulo/SP
Tel.: (11) 2281-5555 – (11) 98128-7754
www.madras.com.br

Agradecimentos

Agradeço a Deus, à minha Cigana Núbia e a todas as entidades que me dirigem, pela proteção que dão a mim e a minha família, amigos e clientes.

Agradeço a esta amiga espiritual que esteve comigo todo o tempo que escrevia, pois sem a sua narrativa nada aconteceria.

Agradeço a toda a espiritualidade, pela proteção, pela luz e pela forte energia que sentia todo o tempo que escrevia este livro.

Agradeço a Deus e aos meus pais pelo dom da minha vida.

Agradeço às minhas filhas Monaliza e Vanessa. Amo e adoro vocês por serem as melhores filhas deste mundo.

Agradeço a uma amiga que nas horas mais difíceis está sempre ao meu lado, encorajando-me e compreendendo-me em todos os momentos de minha vida, Hercila Marques.

Agradeço aos meus amigos que me ajudaram muito, Adeli e Luiz Sérgio.

Agradeço também a Telma, por ter participado desta minha caminhada.

Agradeço às estrelas do céu, à luz do luar, à chuva, à terra, à água, ao calor do sol, enfim, obrigada a toda a natureza.

Agradecimento Especial

Eu agradeço, em especial, a meu marido Omar, por tudo o que ele foi, é, e tenho certeza, do muito que ele possa ainda vir a ser para mim de muito bom.

Agradeço a Deus, pelo dom da sua vida e por tornar a minha existência mais feliz, sendo pai de minhas filhas e um pouquinho de tudo o que eu possa ter.

Seja sempre este exemplo de vida que poucas pessoas passam com tanta dignidade e com tanto amor.

Continue sempre assim, pois sei que, desta maneira, tudo na minha vida, e de nossas filhas, vai ser sempre muito feliz tendo você como tudo de bom para nós.

Obrigada pelos 27 anos vividos juntos, e pela força que você me deu para fazer este maravilhoso trabalho de amor e de carinho.

Que Deus o abençoe, nós o amamos.

Índice

Prólogo 9
Capítulo I – O Encontro de Sheila 11
Capítulo II – Caio se Apaixona 16
Capítulo III – O Pedido de Namoro 22
Capítulo IV – O Casamento de Sheila 28
Capítulo V – A Gratidão do Sr. Rovsúrio 34
Capítulo VI – A Gravidez de Sheila 41
Capítulo VII – A Morte de Orlânio 47
Capítulo VIII – O Nascimento de Mirtes 55
Capítulo IX – O Primeiro Presente de Mirtes 59
Capítulo X – A Perseguição 64
Capítulo XI – A Premonição 70
Capítulo XII – O Susto 76
Capítulo XIII – O Armazém 82
Capítulo XIV – A Chegada à Fazenda 87
Capítulo XV – O Medalhão 93
Capítulo XVI – A Serpente 100
Capítulo XVII – A Perda do Colar de Sheila 105

Capítulo XVIII – A Morte de Sheila 109
Capítulo XIX – A Vingança 113
Capítulo XX – Caio se Reanima 118
Capítulo XXI – Um Presente para Caio 123
Capítulo XXII – A Morte de Caio 129
Epílogo 136
Rezas e Feitiçarias da Cigana Rosália 140
   1. Para tirar mau-olhado 140
   2. Para retirar um mal qualquer (grave – para adultos) 141
   3. Oração para limpar nossa casa de espíritos maus 141
   4. Oração para abençoar uma união 142
Despedida 144

Prólogo

Era uma noite linda de lua cheia. O céu estava coberto de estrelas e parecia estar em festa também. Uma noite tranquila, com o vento suave batendo em meu rosto, parecendo acariciar-me, para que eu pudesse contemplar e viver aqueles momentos com bastante serenidade.

Estávamos acampados na beira de uma estrada, próximos a uma cidade. Todos estavam felizes, cantavam e dançavam em volta da fogueira.

Dolores dançava muito e de vez em quando chegava perto de mim e me passava sua saia.

Mirtes. Mirtes, a dançarina de minha preferência. Como dançava! Criei aquela menina após a morte de sua mãe, a quem eu amava tanto que até hoje não sei dizer que amor tão grande era o meu. Mesmo não a tendo junto de mim, sinto que continuo a amá-la do mesmo jeito.

Graziele, outra paixão de minha vida. Ela parecia já saber que eu iria partir naquela noite.

Mirtes, minha dançarina, minha neta, olhava-me, e com os olhos tristes ela dançava sem tirá-los de mim. Era muito parecida com a mãe. Seus cabelos negros e longos cobriam-lhe os ombros e davam-lhe ainda mais beleza. Seu sorriso, mesmo triste, era o mais lindo do mundo. Seu jeitinho todo especial de ser para comigo, dando-me tanto carinho e tanto amor, fazia-me perceber que toda aquela atenção foi, realmente, o que me fez viver todo este tempo de minha vida. Eu era feliz. Sempre fui feliz desde que encontrei em minha vida aquela linda menina que se chamava Sheila e que era mãe de Mirtes.

Mirtes passava a todo instante por mim e me acenava com um belo sorriso triste. Afastava-se um pouco e lá vinha ela de volta, sempre me trazendo uma rosa amarela, pois eu adorava as rosas amarelas. Quando completou 19 rosas, ela as depositou em meu colo e deitou-se do meu lado.

Ela se parecia muito com sua mãe, a quem eu adorara como se fosse um pedaço de mim. Aliás, ela fora um pedaço de mim, pois, quando partiu, levou junto parte de minha alma. O que ficou foi apenas o bastante para que eu pudesse dá-la à sua filha, cujo coração eu podia sentir batendo forte junto ao meu peito, o suor pingando do seu rosto confundindo com as lágrimas que ela derramava enquanto dizia:

– Não se vá, vozinha, não antes de meu casamento. Não se vá.

Eu a ouvia já de muito longe. Estava fraca. Sabia que seria naquela noite. Engraçado, tudo veio em minha mente. Tantos anos vividos e tudo se transformou em segundos na minha tela mental. Lembrei-me de tudo o que já havia passado em minha vida, e nada me fez ficar triste ou nervosa. Lembrava tudo com carinho e muita calma. Já havia perto de mim amigos e parentes que há muito não via. Olhavam para mim, faziam uma expressão de alegria, encorajavam-me com a expressão do seu olhar.

Foi então que percebi que aquelas pessoas que ali estavam, haviam partido da terra há muito tempo. Orlânio, Sheila, Caio, as pessoas a quem mais amei na vida.

Eles estavam ali somente para me acompanhar. Que felicidade a minha ao rever Sheila e Caio ainda juntos, meu Deus! Então, depois de esboçar um sorriso, eu fechei meus olhos e só acordei aqui.

I

O Encontro de Sheila

Lembro-me com muito carinho de uma linda menina que conheci junto a minha gente. Ela passava por perto de nosso acampamento, com os olhos arregalados, muito malvestida, descalça, suja e malcheirosa. Quando me aproximei, ela fez um gesto de se afastar e eu lhe disse:

– Não tenha medo menina, não vou lhe fazer mal nenhum.

Ela então abaixou a cabeça e olhou-me por cima dos olhos ainda bastante desconfiada.

Eu lhe pedi que chegasse mais perto de mim, mas ela continuou parada, com medo, parecia estar com fome, com frio. De repente, depois de alguns minutos, ela resolveu me dar um abraço. Eu tenho certeza de que nunca na vida pude ter uma sensação tão forte e boa como naquele momento. Jamais senti tamanha felicidade. Fiquei surpresa, mas adorei; afinal, criança é um anjo. E eu acho que Deus havia mandado mesmo um anjo para minha vida. Com certeza!

Passamos a tarde juntas. Resolvi dar-lhe um banho e depois procurei saber quem era aquela linda menina, morena de cabelos longos malcuidados, de pés no chão, pele queimada pelo sol e muito maltratada.

Eu lhe perguntei, após alimentá-la:
– Qual o seu nome, menina?
Ela me respondeu passando a mão na barriguinha cheia.

— Meu nome é Sheila, e o seu?
Eu lhe disse o meu nome. Ela me abraçou de novo e falou:
— Fica comigo, não me leva de volta não.
— Calma Sheila – respondi-lhe – fique calma. Vamos conversar. Onde você mora?
— Eu moro em uma fazenda; não, eu moro do lado de fora da fazenda. Lá eu não como, não bebo, ninguém me dá banho, não cuidam de mim.
— E sua mãe? – perguntei.
— Minha mãe morreu.
— E o seu pai?
— Eu não tenho pai – respondeu ela.
— Então com quem vive?
— Eu vivo na fazenda.

Quando vi que não descobriria nada de mais concreto, sem saber de quem era aquela linda criatura de Deus, aquele lindo anjo, resolvi então outra coisa e lhe disse:
— Olha, vamos à fazenda pegar suas roupas e depois você volta comigo, está bem?
— Está bem, senhora; vamos.

Fazia um sol muito quente, de queimar os pés, e aquela menina andava tão tranquila que parecia estar calçada. Nem eu aguentaria, mesmo porque meus calos já começavam a me perturbar.

Andamos muito, com aquele sol batendo forte, o solo quente, suando, mas felizes, pois parecia que algo de bom aconteceria com nós duas.

Enfim, chegamos. A recepção foi muito ruim. Uma mulher loira, muito bonita e bem-vestida, com ar de desgosto, de raiva e de tristeza, veio rápido a meu encontro e disse logo sem eu nada dizer:
— Pode levá-la com a senhora. Não queremos esta praga aqui. Eu a detesto, não a suporto, não gosto nem mesmo de olhar para ela. Seu jeito de ser é igual ao da mãe. Já parece não ter nenhum pudor. Ela só me traz recordações desgostosas. Afinal, se o grande Deus me ouvisse, ela já teria sumido há muito tempo, até mesmo morrido, pois eu mesma já lhe

facilitei várias fugas. Eu não gosto dela e não quero que meu marido a veja nunca na vida dele e que jamais saiba quem ela é. Leve-a e se quiser até lhe pago para levá-la o quanto antes daqui. Dar-lhe-ei algumas moedas, e de ouro, quer?
Eu lhe estendi as mãos e disse logo:
– Pague-me, pague-me então, senhora!
A mulher entrou e na volta me trouxe algumas moedas, que eu recebi com muita vontade. Aliás, não eram algumas moedas, eram muitas moedas que me serviriam para colocar minha vida em dia e dariam até para guardar para os cuidados da menina que acabara de adotar como minha filha, e que com certeza me daria muitas felicidades. Assim eu pensara, assim eu vira em nosso destino que juntas seríamos felizes.

Saímos dali e fomos de volta, agora para nosso acampamento. Até o sol parecia generoso conosco, pois se escondera um pouquinho entre algumas nuvens. Nós duas estávamos felizes demais; parecia que uma nova vida começaria a partir daquele momento para nós. Chegamos a nosso destino. Todos estavam nos esperando sem nada dizer, e ficaram felizes ao ver em mim a felicidade voltando e preenchendo o vazio de meu coração, tão sofrido e tão machucado pela vida e pelo destino.

Já estava tarde demais para sairmos para as compras. No outro dia, percebi que aquela menina acordava muito cedo. Levantei-me, fiz o café de todos e depois a alimentei.

Saímos bem cedo. Caminhamos até a cidade. A menina foi cantarolando sem se queixar do cansaço, e aquilo me fazia muito bem. Eu havia ganho um presente dos céus. Que felicidade a minha, meu Deus. Bela menina!

Caminhamos muito até que, finalmente, chegamos à cidade. Procuramos um armazém que pudesse atender-nos sem muito preconceito. Enchi-me de coragem, empinei bem o corpo e entrei em uma venda. Veio nos atender uma simpática mocinha que até nos ajudou na escolha das roupas de Sheila. Foi bom eu ter empinado bem o corpo, pois assim mostrei que sou forte e séria, e que ninguém poderia duvidar de minha postura, pois, para muita gente, cigano tem má fama. Comprei tudo o que aquelas moedas pudessem comprar e foi bastante. Deu até para comprar o necessário para a confecção de uma boneca para dar de presente à minha nova filha.

De volta para casa, banhei a menina. Foi um banho muito especial, com ervas perfumadas, pois daquele dia em diante eu me considerava a sua própria mãe. Cortei-lhe as pontinhas dos cabelos, enfeitei-os com flores naturais que havia perto de nossa barraca, perfumei-a com uma água de cheiro que eu aprendi a fazer com ervas frescas. Coloquei-lhe um lindo laço de fitas coloridas nas pontas das tranças que lhe fiz, e então eis que a transformei em uma linda princesinha cigana.

Sheila, após o banho, abraçou-me e deitou-se em meu colo, olhando-me de maneira encantadora e misteriosa, e, fechando os olhinhos bem devagar, adormeceu, pois estava muito cansada. Tinha sido um dia de muitas andanças e novidades para ela, e muito feliz para nós duas.

No outro dia, como sempre, Sheila acordou muito cedo. E, quando percebi, ela já havia varrido todo o solo da barraca, lavado as canecas de alumínio e colocado para pegar sol e secar. Meus tachos de cobre brilhavam à luz do sol de tão limpos. Das almofadas de nossa barraca podia sentir o aroma perfumado. Tudo estava muito limpo. Olhei para aquela menina e lhe disse:

– Sabe, você é minha filha.

Ela respondeu:

– Mamãe está feliz, pois eu sonhei com ela esta noite.

Eu lhe perguntei sua idade e ela não sabia, mas respondeu:

– A senhora da fazenda falava assim: "Há nove anos sofro com sua presença nesta casa. Some, menina, some!".

Deduzi que sua idade deveria ser uns nove anos e assim ficou.

Passados alguns dias, resolvemos mudar. Fomos para bem longe e ficamos perto de uma cidade pequena chamada Tebas. Ali permanecemos algum tempo e depois fomos para mais longe.

Viajamos cinco dias, parando apenas para descansar um pouco, até que chegamos, mortas de cansaço, a uma outra pequena cidade. Ficamos muito bem alojados, pois ali havia árvores. Um pouquinho mais adiante, corria um rio de águas limpas, que serviria para nos banharmos e para lavarmos nossas roupas. Era um lugar maravilhoso. Ali, muita gente gostava do nosso povo. Ganhei muitas moedas lendo as linhas do destino das mãos de muita gente simpática. Nós ganhávamos também comida, frutas e legumes. Foi muito boa nossa estada naquele lugar.

A noite chegou e, mesmo cansados, estávamos lá com nossa fogueira de labaredas tão altas que bailavam no ar. Todos muito bem vestidos. As mulheres com seus pandeiros enfeitados. Os pandeiros, ou as pandeirolas, naquele tempo eram um pouco diferentes, mas emitiam o mesmo som. As nossas ciganas, com os pés descalços e suas saias longas e coloridas, flores na cabeça, dançavam em volta da fogueira, entoando lindas canções que ecoavam longe trazendo pessoas para nos apreciar.

Era através do encanto do meu povo, que levava ao mundo a alegria da vida, por meio da dança e das lindas canções, que nosso coração passava aqueles momentos de intensa alegria que a todos contagiava. Sempre pensamos na vida, nunca na morte, pois achamos que cada momento desta passagem na terra é muito importante, e portanto devemos vivê-lo intensamente como se fosse o último, e vivê-lo com alegria.

O tempo ia passando e Sheila observava tudo com muito entusiasmo. Até que um dia eu a peguei batendo palmas e lhe disse:

– Muito bem, Sheila, vamos aprender a dançar!

Ela ficou séria, respirou profundamente e, para minha alegria e admiração, levantou-se e executou uns passos que de vez em quando ela me via cantarolando e dançando.

Foi assim que Sheila aprendeu a dançar, sem que eu percebesse. Eu dizia só para mim: "Esta menina tinha que ser minha. Do destino ninguém escapa. Ela é uma cigana. Obrigada, meu Deus, obrigada!

II

Caio se Apaixona

    Passaram-se os anos e minha Sheila cresceu e ficou mocinha. Quase sem que eu percebesse, lá estava minha linda morena, com seus cabelos longos e cacheados, sendo a maior atração da dança entre o meu povo e por todos os lugares onde passávamos.
    Um dia, peguei Sheila olhando meio diferente para Caio. Caio era filho de uma quase irmã, que fazia parte de nossa família. Rapaz sério, muito bem educado, calado, muito disposto aos trabalhos pesados. Sabia como dominar um animal, montava muito bem desde menino novo. Era calado, nunca conversava demais, somente o necessário. Tocava um violino como ninguém, e por isso era muito respeitado por suas lindas canções de amor. Esse menino tinha o olhar triste, e nunca consegui descobrir o porquê de tanta tristeza.
    Em uma bela noite, a lua iluminava nosso acampamento e uma linda e imensa fogueira foi feita para uma longa noite de festa, pois tínhamos um grande motivo. Minha menina fazia aniversário. Belo dia. Eu já havia bordado um lindo xale e feito para ela um belo vestido colorido. Nesse dia, eu poderia jurar que aquela menina, que há seis anos o destino tinha colocado em meus caminhos, se portava como uma bela e linda cigana.

Sheila saiu de uma carroça toda enfeitada de flores naturais que exalavam seu perfume por todos lados, trajando o vestido que demorei meses para bordar especialmente para ela usar. Eu estava orgulhosa de mim mesma. Não continha minhas emoções que, de tão fortes, faziam sair de meus olhos lágrimas de felicidade.

O grupo todo se colocou muito bem, fazendo com que Sheila passasse por ele até o local que lhe foi preparado para festejar esse grande dia.

Eis que surge um pouco distante o som de um violino. Era Caio, que, vestido como um rei, tocava, ainda mais lindamente do que nunca, canções que faziam delirar todos que o ouviam.

Caio tocava em direção a minha menina, que, após dar um lindo olhar para a mãe Lua, respirou fundo e olhou para mim. Ouviram-se palmas marcando a canção, enquanto Sheila começava a dançar de um jeito especial, fazendo-me chorar de emoção, não só a mim, mas também os mais velhos de meu grupo. Caio tocava e cantava, e em suas canções ele dizia:

"*Morena da cor de jambo*
Com seu sorriso encantador
Enfeitiçou meu coração
Que está cheio de amor
Sou cigano cantador
De canções que faz sonhar
Sou forte, mas me enfraqueço
Diante do teu olhar".

Quando ouvi Caio cantar, desconfiei logo que ele havia feito essa canção para Sheila. Fiquei um pouco pensativa, mas, o que fazer, o destino aí está. Não demoraria muito e uma outra festa muito em breve aconteceria entre meu povo.

Sheila só trouxe para nós alegrias e felicidades. Menina trabalhadeira, séria, inteligente, amável, forte como uma rocha e sensível como uma flor; linda, muito amada por todos do nosso grupo.

Um dia, Caio veio ao meu encontro e disse-me:

— Preciso falar-te.

— Está bem, podes falar – respondi-lhe.

— Não hoje, senhora – retorquiu Caio. – Na próxima lua, pois esta está triste e minguada, e o motivo de nossa conversa é de felicidade. A senhora concorda?

— Claro que sim, Caio, claro que sim – foi a minha resposta.

Caio marcou comigo que nos primeiros dois dias da grande lua crescente conversaríamos.

Chegou o grande dia. Nada havia comentado com Sheila, pois não tinha ainda certeza do teor da minha conversa com Caio, embora tivesse minhas desconfianças.

Sheila saiu um pouco, e logo Caio chegou à minha barraca. Saudou-me e o convidei para entrar. Sentamo-nos nas almofadas espalhadas pelo chão. Ofereci-lhe um bom vinho e, diante daquele olhar, sentindo que seu coração disparava, tive certeza de que ouviria um pedido de casamento.

Não poderia ser outra coisa. Concordei, afinal já havia previsto tudo. Estamos aqui para viver nossos momentos com intensidade e é preciso saber que nós não somos donos de nada neste mundo, portanto eu não mais teria Sheila só para mim. Disse a Caio que conversaria com minha menina e depois daríamos a notícia a nosso povo.

A noite caía. O céu já começava a ganhar as primeiras estrelas e a grande mãe Lua já dava a sua elegante presença, iluminando todo o nosso acampamento.

Fui conversar com Sheila, que me ouviu calada. Houve um momento de explosão de felicidade quando ela disse:

— Minha mãezinha, sou a criatura mais feliz deste mundo desde que o destino me deu para você. Estou muito, muito feliz!

Abraçamo-nos e festejamos juntas aquele momento de felicidade que com certeza estava somente no começo, pois muitas alegrias ainda estavam para acontecer. Mas, não sabia por que, sempre nos momentos de felicidade em relação a Sheila, o meu coração disparava, e eu sentia bem abaixo do estômago um vazio. Eu não dava importância, balançava a cabeça e dizia:

– Estou é ficando velha, isto sim!

Sabia também que muito em breve aconteceria o mais lindo casamento deste mundo. Minha menina, o presente que o destino me deu, cresceu e virou mulher. Já estava na hora de ter sua própria família, pois para isto eu a educara. Ela fora criada como se fosse uma verdadeira cigana, pois estava no seu coração o sangue cigano, que plantei como se fosse uma rosa e que durante tantos anos reguei com meu amor e fiz desabrochar. Eu fiz da minha menina uma verdadeira cigana.

Resolvemos sair para conversar um pouco. Encontramos o resto do nosso povo, e, enquanto estávamos ali, todos juntos, cantarolando, aproveitei para dar a notícia de que, no nosso grupo, haveria muito em breve um pedido de casamento. Todos ficaram muito curiosos, mas sem perguntas, pois sabiam que haveria a hora certa para oficializar esse pedido.

O dia seguinte amanheceu, uma bela manhã de sol. Assustei-me, pois percebi que Sheila ainda dormia. Levantei-me, pensando que ela deveria estar cansada. A noite anterior havia sido bastante agitada, depois de um cansativo dia de trabalho, pois Sheila era uma menina muito prendada. Puxou a mim, fazia um pouquinho de cada coisa. Sua especialidade eram os xales, e por isso colecionava os mais belos.

Resolvi, depois de preparar um chá, ir ver o que estava acontecendo, pois ela ainda dormia profundamente. Tomei um grande susto quando senti que ela queimava em febre. Desesperei-me, pois nunca havia acontecido de Sheila adoecer. Quase tive um desmaio, mas respirei fundo, abracei-a e a fiz acordar. Ela abriu os olhos e notei que estavam vermelhos.

— Meu Deus! – gritei. – O que está acontecendo com minha filha? Reaja, filha minha, reaja!

Pedi ajuda a meu povo, e com fortes orações demos um banho com ervas frescas em Sheila, que pareceu se reanimar alguns momentos depois. Fiz uma sopa de raízes, que lhe dei para tomar.

— Toma, filha minha, tu vais ficar forte de novo, não desanima, tu és igual a mim, forte, corajosa, inteligente, linda. Tu és minha vida, minha razão de viver. Vamos, levanta, não me deixes mais nesta ansiedade. Não aguento mais ver-te assim. Tu és forte, reage – falei, enquanto as lágrimas caíam dos meus olhos.

A noite chegou e a grande mãe Lua estava lá no céu, brilhando e iluminando como sempre nosso acampamento.

Peguei Sheila, ajudando-a, pois ainda se sentia fraca, e a levei para ser abençoada diante da lua. Caio soube e veio logo me ajudar. Pegou seu punhal e fez um círculo no solo, no meio do qual colocamos Sheila, e logo, com a presença de todos, foi feita uma oração para espantar a presença desse mal que não poderia ficar entre meu povo. Todos me acompanharam rezando para que a mãe Lua pudesse abençoar minha menina, devolvendo a ela a saúde, a beleza e sua contagiante alegria, pois ela sempre foi muito alegre. Nunca, por um momento sequer, alguém a viu ou a sentiu triste. Ela estava sempre cantarolando, sorrindo, dançando, sempre foi a alegria perfeita em nosso grupo, mesmo sabendo que não tinha em suas veias o sangue cigano. Com certeza, esse sangue corria no seu coração.

Dali a alguns minutos, após algumas canções que cantamos para alegrá-la, resolvemos levá-la para dentro da barraca. Caio me ajudou a colocá-la nas almofadas para que ela descansasse, e fomos preparar-lhe um chá para que ela pudesse repousar. Foi então que ouvimos Sheila perguntar:

— Mãezinha, ainda tem aquela sopa de raízes? Estou faminta!

Corri para atendê-la. Caio levou o caldeirão até a fogueira e trouxe a sopa, que, após colocada em um prato, lhe foi servida com muito gosto. Ficamos ali nós dois, observando-a tomar aquela sopa. O suor de seu rosto começou a cair, descendo pelo seu colo. Notei que Caio estava feliz. Abaixou a cabeça e senti que a emoção tomou conta dele. Abraçamo-nos e ficamos ali até que Sheila adormecesse de novo.

Graças a Deus, o susto passou. Sheila já estava se recuperando de um mal, que não conseguimos descobrir, talvez alguma coisa que ela comeu e que não lhe tenha feito muito bem. Seja lá o que for, passou, pois nossa mãe Lua jamais deixaria de ouvir minhas preces, e por isso tudo acabou bem.

Caio se despediu de mim e saiu feliz por tudo já estar bem. Foi para sua barraca descansar, pois também estava muito cansado, após um dia extenuante, notava-se em sua expressão; afinal, era um rapaz muito trabalhador.

III

O Pedido de Namoro

Amanheceu, e Sheila acordou junto comigo. Naquele dia acordei mais cedo para ver como ela estava. Fiz um gostoso chá de hortelã que tomamos junto com umas roscas que eu mesma preparara.

O dia estava um pouco nublado, e Sheila se encantava com o cantar do passarinho, que naquela manhã parecia ser ainda mais feliz. Acho que até ele se preocupou, pois, doente, Sheila não cuidara dele no dia anterior e seu canto não fora ouvido.

Durante o dia, todos do acampamento foram ver como ela estava e saíram muito felizes em encontrá-la bem disposta e até coradinha.

Caio também foi ver Sheila, e ela o recebeu com um sorriso ainda mais encantador. Depois de alguns minutos, ele beijou-lhe as mãos e saiu muito feliz. Notei que ela o seguia com os olhos cheios de amor. Pensei: "Eles fazem um bonito casal. Que Deus os abençoe!".

Tivemos um dia muito bom e resolvemos trabalhar um pouco. Nós nos ocupamos fazendo alguns bordados para uma senhora que, muito simpática, os encomendara, pois sua filha iria casar dali a alguns meses. Com grande satisfação, estávamos fazendo uma boa parte do enxoval. Teríamos de ser rápidas, pois, em poucos dias, levantaríamos acampamento novamente, e eu queria ganhar minhas moedas, pois já tinha em mente fazer minhas economias para, desta vez, bordar o enxoval do casamento de Sheila.

Paramos para almoçar e preparei um grande peixe que Caio havia pescado e levado para o almoço. Fui até elogiada:

– O peixe está uma delícia, mãezinha, uma gostosura – disse Sheila.

Eu respondi:

– Coma, minha filha, alimente-se bem.

Depois do almoço, após lavar a louça, fomos dormir um pouco, costume antigo nosso; tínhamos sempre que descansar após o almoço para depois retornar ao trabalho.

A tarde já começara a cair quando resolvemos dançar, comemorar, pois Sheila já estava curada e tínhamos um grande motivo para festejar. Seria noite de festa. A fogueira foi preparada. Todos do acampamento estavam felizes, pois gostavam muito daquela menina que a todos encantava com seu jeitinho manso de ser, com sua meiguice, com seu modo carinhoso e prestativo com todos do acampamento.

Dançavam ao som das lindas canções de Caio, que tocava seu violino com tanta emoção que pareciam estar ainda mais lindas. As ciganas dançavam com seus pés descalços em volta da fogueira, que fazia barulho com os estalos da lenha, dos gravetos que foram colocados para queimar. Outras pessoas também vieram apreciar a festa que estava apenas começando.

Pablo trouxe o vinho que foi servido para os nossos e para os visitantes, que eram sempre muito bem-vindos. Momentos depois, alguém disse no meio do povo:

– Onde está a cigana Sheila? Viemos apreciá-la dançando.

Caio parou seu violino e seriamente olhou para a multidão, parecendo procurar de quem seria aquele pedido. Depois de alguns momentos, ele voltou a tocar ainda mais rápido uma canção, cantando forte, enquanto todos do acampamento e também os visitantes batiam palmas seguindo o ritmo.

Eis que surge Sheila dançando, batendo forte seus pés no chão e fazendo a marcação da música, os cabelos soltos, caídos pelos ombros, com um belo vestido todo colorido, um belo xale, bordado por ela, amarrado na cintura. Sheila vinha dançando com ar sério. A poeira subia e fazia uma nuvem que, iluminada pela fogueira, dava a impressão de que Sheila dançava entre as nuvens, que naquele dia não estavam no céu, e sim no solo que seus pés pisavam. Ela tirava o xale da cintura e rodopiava com ele, levando-o até o alto de sua cabeça e, de repente, sem que ninguém percebesse, o colocava de novo na cintura.

Todos assistiram à dança com os olhos arregalados, mal respirando, encantados. Caio trocou a canção. Desta vez foi uma canção suave, cuja letra falava do seu grande amor por ela. Eles se amavam muito, graças a Deus. Ela aproximou-se dele e, com um sorriso encantador, começou a dançar com uma suavidade sem igual. Como me orgulhava de ver aquela menina dançando! Ela se aproximou de mim, beijou meu rosto e tirou de seu colo uma rosa, que me entregou após beijá-la. Voltou a dançar, dessa vez para nossos visitantes, que com grande alegria e satisfação a tudo assistiam. Poderia jurar que muitos corações batiam forte, pois a beleza e o encanto que ela passava eram tão grandes que seria impossível não encantar a todos que a viam. Muitas moedas, jogadas pelo povo, cobriam o chão que Sheila pisava e dançava. A festa foi até a última fagulha da fogueira. Já era tarde, os visitantes foram embora, e todos nós fomos para nossas barracas descansar.

Graças a Deus tudo voltara ao normal. Estávamos felizes. Sheila já dormia quando fui beijá-la e dar-lhe boa-noite. Seu sono era tranquilo, e mesmo dormindo ela parecia sorrir. Seus cabelos estavam molhados de suor, o suor que lhe escorrera do corpo enquanto dançava. Ela dormia serena como uma deusa, a deusa que Deus me deu. Senti que alguém estava próximo a nossa barraca, e resolvi então dar uma espiada. Era Caio, que estava a agradecer a Deus, olhando para o céu, em preces, ajoelhado no solo. Podia sentir a emoção que tomava conta de seu coração enquanto conversava com Deus. Afastei-me devagar e, sem que ele notasse a minha presença, retornei à barraca e fui deitar, pois eu também me sentia muito cansada, e nós teríamos apenas mais dois dias para terminar os bordados que nos foram encomendados. Deitei-me e em poucos minutos adormeci.

Quando acordamos, notamos que o dia prometia sol e calor. Sheila já havia se levantado, preparado o nosso chá e também as roscas para nossa primeira alimentação do dia. Levantei-me, abracei-a, sentamos e comemos nossas roscas e tomamos nosso chá. Arrumamos tudo e lá fomos nós para nossos bordados. Lavamos nossas mãos, perfumamo-nos e começamos.

Na hora do almoço, ela preparou um belo ensopado e, de longe, dava para sentir o cheirinho gostoso de seu tempero. Almoçamos e fui tirar minha soneca. Quando acordei, Sheila já estava a bordar. Terminamos tudo, esticamos bem as toalhas e os lençóis, dobramos tudo após perfumar com alfazema, embalamos em um saco de retalhos e, pronto, era só entregar.

A noite se fez e nós resolvemos em preces agradecer a Deus pelo nosso trabalho, pois dele sairiam nossas moedas para a confecção do enxoval de minha menina, assim pensava eu, quietinha. Esse era o costume de minha gente. Trabalho feito, agradecimentos a Deus por direito, por isso não saímos para contemplar a lua; dessa vez dormimos cedo.

O dia amanheceu e logo cedo a senhora, dona do enxoval, foi buscar a encomenda que nos havia feito.

Quando viu nosso trabalho, ficou tão emocionada que mal conseguiu conter as lágrimas. Era uma senhora muito elegante, que estava acompanhada de sua mucama, que a tudo assistia sem dizer uma só palavra. Ela nos agradeceu e confirmou que aquele enxoval daria muita sorte à noiva, pois havia sido preparado pelas ciganas mais encantadoras deste mundo, e com certeza tudo daria certo. Tirou de sua bolsa moedas e mais moedas, aproximou-se de mim e as entregou. Depois, com muita elegância passou para as mãos de Sheila também várias moedas, dessa vez moedas de ouro, e disse:

– Tome, cigana bonita, estas moedas de ouro são suas. Guarde-as, pois ainda terá muitos tesouros. Que Deus a abençoe!

Sheila olhou para a senhora e, com gestos de agradecimentos, pegou as moedas e colocou-as em sua sacola presa à cintura.

A senhora saiu feliz, acompanhada de sua mucama, e sem olhar para trás sumiu à distância. Eu e Sheila nos abraçamos e felizes fomos para a cidade fazer algumas compras. Compramos quase tudo da vendinha, linhas de bordado, agulhas, fitas coloridas, enfim, de tudo que precisávamos. Colhemos folhas de alfazema, ervas aromatizadas. Fizemos ótimas compras e voltamos satisfeitas e com muitos embrulhos.

A noite se fez, e Caio, na presença de todo o povo, reunido em volta do grande carroção, pediu para namorar Sheila e casar-se com ela, que com o olhar cheio de felicidade nem pensou e disse logo:

– Claro que quero, pois eu aprendi a te amar.

Oficializou-se então o namoro e não demoraria muito teríamos o casamento. Todos começaram a cantar em agradecimento a Deus por esse momento. Sabíamos que Sheila não era cigana, mas isso nunca foi discutido entre nós, pois o amor que sentíamos por ela era tão grande que esse detalhe não foi lembrado. Afinal, como eu já disse, ela já fazia parte de nosso povo, portanto deixaríamos que o destino pudesse fazê-la seguir seu caminho sem problemas.

Sheila parecia ainda mais bonita de tanta felicidade. De mãos dadas com Caio, passeava pelo terreno, que era bem grande, enquanto todos lá estavam cantando e dançando em volta da grande fogueira acesa. Todos estavam muito felizes com o acontecido, pois Caio também era muito amado pelo grupo.

Embora de pouca conversa, e às vezes até muito sério, Caio passava para nossa gente a força, a certeza, a coragem, a alegria através das músicas. Todos estavam muito felizes, graças a Deus. Agora era ter força de vontade, amor e disposição para trabalharmos para a confecção do enxoval da minha menina, pois tudo agora seria mais que especial. Engraçado, parecia que eu tinha pressa de tudo. Estava já sonhando com o casamento dos dois. Eu me sentia a própria mãe de Sheila e estava ansiosa agora para ser avó. Estava muito feliz e não me cansava de agradecer a Deus pela felicidade que Ele me deu colocando em meu destino a criatura mais amada do mundo para ser a alegria e a razão de minha vida novamente.

IV

O Casamento de Sheila

O tempo passou. Mudamos de acampamento várias vezes. Em uma de nossas caminhadas, de repente, a roda de uma das carroças quebrou. Estava muito próxima a um precipício quando tudo aconteceu. Era a carroça de uma cigana que estava grávida e o susto e a preocupação foram muito grandes. Chovia e tudo se tornava mais difícil. Havia muito barro na estrada. O vento gritava forte como se o tempo estivesse zangado. As lonas de nossas carroças faziam um barulho ensurdecedor. Parecia que tudo ia voar pelo ares, e o que nos salvou foram as pessoas que moravam por perto, que, com muito empenho, nos ajudaram.

Levaram Kassita, que estava grávida, e cuidaram dela com muito carinho. Deram-lhe de comer e alimentaram também toda minha gente. À tarde, continuamos nossa viagem já com o tempo tão bom que nem parecia que havia chovido e feito tanto barro nas estradas. Kassita estava muito tranquila, embora estivesse com a barriga bem grande. Dias depois, nasceu um belo menino que recebeu o nome de Cássio. Menino forte, robusto, muito moreno. Parecia que a todo instante via algo de interessante, pois estava sempre sorrindo e correndo pelas barracas. Boas lembranças de quando era menino. Depois ele cresceu e se tornou um belo rapazola, só que se separou de nosso grupo e se foi para viver um pouco com outros de nossa gente.

Vivíamos sempre muito tranquilos e nunca tivemos o menor problema com nosso pessoal. Sempre a disciplina foi muito bem empregada no nosso meio. A presença de Deus junto a meu povo é muito grande, e por isso vivíamos sempre muito felizes.

Um dia, quando estávamos diante da fogueira aquecendo-nos do frio, Caio e Sheila anunciaram o casamento, que imediatamente foi consentido, pois já se esperava por esse pedido impacientemente.

Foram feitas preces a Deus para que os céus pudessem preparar para os noivos a festa de casamento. Pedimos também a Deus que nos ajudasse na confecção do enxoval da noiva e que o noivo pudesse preparar a nova barraca do grupo, pois uma nova família estava para nascer.

Seis meses se passaram. Tudo na mais perfeita ordem do grande Senhor do Universo, o senhor Deus e a nossa Santa protetora. O dia do casamento foi marcado. Pelo destino, eu era mãe de Sheila, por isso tudo estava bem e correto, além do mais eu era a mais velha de todo o grupo.

Resolvemos levantar acampamento, e dessa vez a viagem foi bastante feliz. Por onde passávamos deixávamos marcações com sinais de festa, convidando outros grupos para o casamento.

Tudo correu muito bem, a nossa viagem foi longa, mas a chegada foi maravilhosa. Acampamos em um lugar que nos oferecia a beleza das árvores, o cantar dos passarinhos e, bem próximo, um rio de águas doces, que vinha de uma cachoeira e fazia uma bacia enorme, facilitando o nosso banho e a lavagem de nossas roupas, enfim, um lugar muito lindo. Presente de Deus para o casamento de Sheila e Caio.

Em pouco tempo, após nos certificarmos da energia do solo, fizemos uma vistoria nas carroças e montamos as barracas formando um grande círculo, deixando um lugar reservado para a nova barraca que seria dos noivos, pois o casamento seria nesse acampamento.

Eles poderiam morar comigo, mas sempre gostei de ter o meu cantinho reservado só para mim; somente com Sheila dividi o meu espaço e com mais ninguém, e ela não quis nem pensar em me incomodar; afinal, agora eles seriam um casal e queriam liberdade a dois.

Estávamos todos muito felizes. O espaço que nós conseguimos era grande, pois receberíamos outros grupos de ciganos para a festa, e fora cedido para nós, com muito gosto, por ordem do próprio dono, cujo nome jamais esquecerei, de tão estranho que era, Rovsúrio. Ele era fazendeiro do lugar. Muito animado, tocava um instrumento feito de bambu que ele mesmo fabricava, uma flauta. Senhor de grande sabedoria, rico, muito humano, era respeitado pelo meu povo e também bastante considerado por tudo o que fizera por nós. Ficamos ali durante algum tempo pois seria realmente o lugar para o casamento mais lindo do mundo.

Dias depois, ciganos amigos de outros grupos foram chegando e trazendo novos amigos, e a festa parecia já começar. Foram feitos todos os preparativos. O senhor Rovsúrio soube que haveria um casamento e resolveu nos presentear com seis porquinhos, que seriam assados juntamente com muitas outras coisas. O vinho já estava sendo preparado para ser servido. Nesse local havia muitas árvores com orquídeas, violetas e até alguns pés de jasmim, e eu já estava imaginando que todo o nosso acampamento seria enfeitado com flores perfumadas e lindas, principalmente com jasmim.

Mais amigos chegavam ao acampamento. Tudo era festa e alegria. Uma forte energia de amor contagiava a todos. Até as crianças estavam em festa.

Roupas lindas foram preparadas para a cerimônia. Tudo na mais perfeita ordem.

Faltavam agora somente três dias para a cerimônia. Sheila deveria ficar dentro da barraca até o grande dia. Ela, o presente mais caro que Deus me deu, estava agora prestes a se casar e, com certeza, os dois seriam felizes, pois agora eu também já amava Caio como um filho que, embora sério, fechado, como já falei, era um doce de criatura. Um cigano que sabia amar a vida e, embora com ar de tristeza que às vezes me preocupava, também sabia, com muita elegância e entusiasmo, alegrar todo o grupo com suas canções e também com sua dança, pois, em algumas épocas do ano, era sagrada para ele, no acampamento. Dançava apenas em volta da fogueira e tinha um domínio muito grande sobre as enormes labaredas que a ele atendiam com respostas a perguntas feitas pelo grupo e pelos visitantes que sempre lhe davam algumas moedas para descobrirem seu destino, seus amores e paixões; enfim, ele fazia suas magias com as labaredas da fogueira algumas vezes durante o ano ou em caso de extrema necessidade.

Chegou o grande dia. Minha filha Sheila iria se casar. É, agora eu teria que dar meu presente para Caio, que desse dia por diante teria que cuidar dela. Eu estava despreocupada pois confiava que tudo daria certo e com certeza eles seriam muito felizes.

Tudo estava preparado. Os assados, os vinhos, os pães, as castanhas. Todas as barracas estavam enfeitadas e todos esperavam pelo momento da cerimônia com muita alegria. Sheila estava muito feliz, preparava com carinho tudo o que lhe serviria para usar neste dia tão importante de sua vida. O dia estava lindo. O cheiro das comidas se espalhava por toda a redondeza. Tudo estava perfeito.

Chegou então o momento do casamento. Orlânio, o mais velho cigano do grupo, pegaria Sheila em nossa barraca para levá-la até onde se realizaria a cerimônia. Caio já a esperava. Eu estava ao lado dele, que se sentia feliz e muito tranquilo esperando sua amada e futura esposa chegar. Orlânio então trouxe minha menina para se casar. Os dois se encontraram e ele a beijou na testa, em sinal de seu amor e respeito.

O pacto de sangue foi feito por meio do corte dos pulsos que foram amarrados com uma fita branca. Após desamarrados, foi entregue à noiva um jarro de barro, que ela quebrou, pois a quantidade de cacos do jarro corresponderia a anos de felicidades para os dois. O pão com o sal foi oferecido aos noivos. Essa era a nossa tradição, pois acreditamos que enquanto o pão e o sal mantiverem o mesmo sabor, o casamento seria sempre feliz, segundo também a vontade de Deus.

Sheila e Caio estavam casados. Logo após se divertirem um pouco e serem abraçados por todos do acampamento, eles foram para a barraca que haviam construído e enfeitado por eles mesmos. A noite passou. A festa continuava, pois ainda teríamos que mostrar a prova da virgindade da noiva, para que o casamento fosse concretizado. Eu fiquei como guardiã do lado de fora da barraca, para de manhã pegar o lençol manchado de sangue e mostrá-lo a meu povo, ou seja, ao casal de ciganos mais velhos do grupo, para que assim o casamento fosse totalmente concretizado.

Passaram-se dois dias e Sheila ainda não havia saído de sua barraca. Era sempre assim. No terceiro dia de seu casamento, ela apareceu com um maravilhoso vestido vermelho e um lindo lenço cobrindo seus belos cabelos negros, pois uma mulher casada no meio de meu povo usa lenço para mostrar que é comprometida. A nossa aliança é o lenço cobrindo nossa cabeça. Ela veio logo e me abraçou com tanta força que pude sentir seu coração bater forte quando ela me disse:

– Mãezinha, quase morro de saudades de ti.

Perguntei-lhe se estava feliz, e ela me respondeu:

– Sim, mãezinha, eu sou a criatura mais feliz deste mundo, pois agora eu tenho você e Caio, além do nosso povo, que aprendi a amar, respeitar e ser igual a eles.

Fiquei feliz por saber que tudo estava bem, e que dali para a frente muita coisa boa poderia acontecer. A noite chegou, a fogueira foi acesa e a música alegrou os corações de meu povo, que dançava e cantava alegremente. Caio e Sheila dançavam. Eles faziam um par perfeito. Sheila dançava agora acompanhada de seu marido, o homem com quem teria que dividir sua vida, pois doravante era um só caminho, juntos e felizes. Pensei, nesse dia, que poderia morrer em paz por já ter cumprido minha tarefa, mas senti que algo de maior responsabilidade ainda estava para acontecer. Foi então que senti de novo um vazio no estômago e eu não gostava daquela sensação tão desagradável. Às vezes, até pensava em buscar ajuda com Rosália, que era a curandeira e feiticeira do nosso grupo, mas, no fundo, tinha medo de que algo ruim pudesse estar para acontecer e eu não queria saber.

"Bobagem", eu pensava... "São coisas de minha mente já um pouco cansada."

Um dia conversando com Caio, falando sobre essa minha preocupação, notei, pelo seu olhar, que ele também sentia o mesmo e, por isso, nunca mais tocamos no assunto, nunca mais.

V

A Gratidão do Sr. Rovsúrio

Os dias se passaram; semanas, meses, luas e luas, e tudo era alegria naquele lugar.

Um dia, de madrugada, todo o grupo foi acordado com os gritos de uma mulher. Notamos que não era ninguém de nosso grupo nem gente nossa. Era a esposa do Sr. Rovsúrio dizendo que ele estava muito mal, à beira da morte, pois havia sido picado por uma cobra e não conseguiram um médico por ser distante a cidade e também porque ele achara que não era nada grave. Todo o grupo foi acordado. Fui logo solicitada e pedi na mesma hora a ajuda de Rosália que, com certeza, me facilitaria no trabalho.

Levamos então o Sr. Rovsúrio, após o apelo de socorro da esposa, para o grande carroção onde havia todo o aparato necessário para cuidar das doenças de nosso povo. Foi providenciada logo uma pequena fogueira para invocar os bons espíritos a nos ajudarem em nossa tarefa. Assim sendo, bem disposta e de boa vontade, Rosália começou as preces invocando ajuda dos céus.

Sheila, como sempre a meu lado em todas as tarefas, foi logo tratando de pegar minhas ervas de cura para poderem ser usadas no doente. O Sr. Rovsúrio estava muito quente, com febre. Demos a ele uma mistura de ervas, e logo então foram feitas as preces para pedir a Deus e à nossa Protetora, a Santa dos Ciganos, para que nos ajudassem, pois a vida do Sr. Rovsúrio estava agora nas mãos de Deus.

Mesmo vendo que tudo estava muito difícil, pois o doente estava quase inconsciente, senti que todos estavam tranquilos, calmos. Nenhum sinal de preocupação foi notado; afinal, já estávamos acostumados com tudo isso. Já passamos por muitas dificuldades em relação a acidentes iguais a esse. A esposa do Sr. Rovsúrio estava calma e já começara a agradecer pelos cuidados prestados a seu esposo com tamanho amor e dedicação por meu povo, que estava do lado de fora do carroção fazendo preces e confiante em Deus e em nossa Santa protetora.

O Sr. Rovsúrio começou a suar. Percebemos que a febre havia passado. Lentamente, ele abriu os olhos e, sem perceber o que estava acontecendo, olhou para mim, esboçou um sorriso e perguntou:

– Onde estou? O que aconteceu?

Quis levantar-se, mas sentiu-se fraco ainda. Eu lhe segurei a mão e falei onde estava e por quê. Ele pediu a presença de sua esposa, que logo o atendeu. Ela então explicou por que o trouxe para nós e ficou feliz quando ele falou que ao se sentir fraco, e quase desfalecendo, só queria ter forças para pedir que o trouxessem para nós, mas não conseguiu. Depois de tudo isso, olhou firme para sua esposa com grande carinho e disse esboçando um sorriso:

– Minha querida, você lê os meus pensamentos, graças a Deus você me trouxe para cá.

Ela o abraçou feliz por ele já estar bem. O Sr. Rovsúrio ainda ficou conosco até a tarde do dia seguinte, quando avisei meu povo que tudo acabara bem, graças a Deus. Ele estava feliz, embora ainda se sentindo fraco. Todos de nosso grupo o trataram como se fosse gente nossa, com amor, carinho e muita dedicação. O bem deve ser feito a todos, independentemente de raça ou religião, enfim, temos por obrigação ajudar o nosso próximo, pois acredito muito que todos nós somos filhos de um só Pai e de um só Deus, portanto somos irmãos.

Após tomar um caneco com vinho preparado para o seu pronto restabelecimento, o Sr. Rovsúrio agradeceu a todos, deixando para nós uma sacola que continha muitas moedas que serviriam para a alimentação de nosso povo por muito tempo. Ele era muito generoso e muito bom. Graças a Deus, o susto passou.

Meses passaram-se e parecia que nunca mais sairíamos daquele lugar. Nós demoramos muito, até porque muitos negócios apareceram ali, e por isso foi cômoda e lucrativa nossa permanência naquele lugar. Também tivemos grandes alegrias, nascimentos de crianças, batizados, casamentos. Enfim, tudo foi muito bom enquanto lá estivemos.

Até que chegou o grande dia de nossa partida. Só que, dessa vez, agimos de maneira diferente, pois o dono daquele paraíso, Sr. Rovsúrio, foi comunicado do fato. No momento da notícia, ele mostrou-se muito triste e lágrimas rolaram pela sua face, quando abraçou sua esposa e colocou sua cabeça em seu ombro. Esse gesto mostrou para nós que sentiriam muitas saudades nossas e nós, com certeza, também sentiríamos saudades deles. Eles entendiam que nós éramos ciganos e que ciganos não têm morada. Nossa moradia eram as estradas, tendo o céu como nossa cobertura, muita coragem, garra, determinação e muito amor pela nossa gente, portanto estava na hora de procurarmos outro solo para nossa morada, pois naquele lugar nossa missão estava cumprida, graças ao nosso grande Deus e nossa Protetora.

Noite de festa! Uma grande fogueira foi feita para que pudéssemos tomar nosso vinho despedindo-nos daquele lugar. Sr. Rovsúrio lá estava. Levou para nós uma grande quantidade de alimentos. Quase ocupava uma carroça toda. Para nossa alegria e satisfação, ele se juntou a nós e dançou, portando-se como um verdadeiro cigano. Dançou muito sem se cansar, até que notou que precisávamos arrumar nossas carroças, desfazer nossas barracas e arrumar tudo para nossa viagem. Notamos que, enquanto Caio tocava uma linda canção, ele, dançando, afastou-se de nós. Olhamos um para o outro sabendo que ele entendia que não gostávamos de despedidas, e por isso saiu de uma maneira que, para nós, foi uma linda homenagem de amor, de carinho e de respeito.

"Que Deus o abençoe, Sr. Rovsúrio", pensei sozinha.

Em pouco tempo, tudo estava pronto para pegarmos a estrada em busca de outro lugar que provavelmente nunca seria como esse, mas nossa vida é assim. Apagamos a fogueira, e lá fomos nós, todos muito bem dispostos, felizes, alegres, pedindo a Deus que, se fosse de nosso merecimento, um dia voltássemos àquele lugar, pois esse foi o último pedido que o Sr. Rovsúrio nos fez, e todos gostaríamos de atendê-lo. De repente, a última carroça fez sinal para nós, e percebemos que, no meio da estrada, estava nosso amigo e sua esposa acenando para nós num gesto de até breve.

Não contive a emoção! Nossa viagem dessa vez foi bastante silenciosa, porque nós também sentíamos saudades.

Como meu povo não gosta de tristezas, Caio sentou-se na beira de uma das carroças junto a Sheila e tocou seu violino para alegrar a todos, que imediatamente o acompanharam cantando com ele. Foi tudo muito tranquilo. Paramos para nos alimentar e descansar um pouco, dar água aos animais e cuidar das crianças, em um lugar muito calmo. Todos tiraram seu cochilo após o almoço.

Depois de um bom caneco de vinho, pegamos a estrada de novo em busca de um lugar para que pudéssemos acampar. Viajamos mais algum tempo, até que Orlânio, acenando para nós, nos fez parar. Ele desceu de seu carroção e foi verificar a terra. Depois que sentiu que aquele solo era fértil, gritou:

– Vamos acampar aqui, minha gente, e que Deus nos abençoe!

O lugar era muito bom. Havia muitas árvores, mas demos um jeito para que nossas barracas fossem armadas em círculo. No meio do acampamento ficou uma bela árvore que nos dava sombra nos dias de sol, nos refrescava nas noites de calor e também nos aquecia nos dias e noites de frio.

Estávamos muito felizes, todos muito animados, o lugar era de uma energia muito grande. Assim que tudo ficou pronto, lá estava nossa fogueira com suas labaredas ardendo em brasas, anunciando uma grande noite de festa.

Minha menina estava muito feliz. Caio, então, meu Deus! Parecia que os dois estavam mais bonitos de tanta felicidade.

É... o amor é a maior bênção que Deus deu ao ser humano. Não existem dificuldades na vida de quem ama. Tudo é mais fácil, tudo é lindo, a vida se torna mais vida quando se tem amor no coração. Não é necessário apenas o amor de homem e mulher; é necessário que se ame. Amar o ser humano, a mãe, o pai, os avós, os tios, os irmãos, os amigos. Sempre ter amigos. Amigo não é fácil de se ter, desde o princípio do mundo, mas se alguém souber conquistar com seu amor, respeito e honra, aí então se terá um amigo de verdade, assim como o Sr. Rovsúrio.

A nossa primeira noite foi marcante, pois tivemos muita gente que foi nos assistir, com nossas canções e danças. Nossas ciganas dançando com seus pandeiros enfeitados de fitas coloridas, de pés descalços, cabelos soltos, outras envolvidas por lenços coloridos cheios de moedas que enfeitavam, dando um brilho ainda maior. Os ciganos com suas botas de couro cru, batendo forte naquele solo que, parecia, nos ia dar muita alegria.

Caio tocava seu violino, para sua amada esposa dançar.

Sheila era quem mais dançava. Quando parava para tomar um fôlego, lá estavam os visitantes pedindo a presença dela, o que já não provocava ciúmes em Caio, pois ele confiava em sua esposa, que sempre lhe fora fiel e se orgulhava muito dela.

Sheila voltava a dançar quando todos a aplaudiam. Eu, às vezes, notava um certo ar de inveja por parte de Luana, até que um dia a chamei e lhe disse:

– Luana, sinto em seu olhar que quando Sheila dança você a olha com ar de tristeza ou de ciúmes, e por não ter certeza do que sente, eu lhe pergunto: o que se passa?

Ela então com ar de menina triste disse:

– Não, não sinto inveja nem ciúmes. Eu gosto, admiro e respeito Sheila, só que, quando ela dança, eu fico meio enfeitiçada, como os outros, pois fico a pensar em como ela dança tanto sem se cansar, e eu não consigo fazer igual. Mas não tenho inveja, o que eu tenho é vontade de dançar como Sheila. Só isso, mais nada.

Então, chamei Sheila e lhe pedi que a ensinasse. Prontamente ela me atendeu. Luana ficou realizada. Precisava apenas aprender alguns truques que, por ser nova demais, ainda não havia aprendido, mas que foram passados para ela com muito carinho por Sheila.

Tudo era festa. Recebi encomenda de bordados pelo pessoal do lugar que estava sempre rondando nosso acampamento, pois ali perto havia uma cachoeira onde o pessoal do lugar se banhava nas tardes de calor e sol forte, e, para chegar até lá, era necessário passar pelo acampamento. Fizemos boas amizades.

Lembro que me foram confiados os cuidados de uma criança que havia nascido com problemas no pulmão. Curei aquela criança com minhas orações a Deus e à nossa Protetora, que estava sempre atendendo meus pedidos. Eu gostava muito de ajudar a todos, mesmo que não fossem ciganos. Sabrina ficou curada e eu muito feliz, afinal minhas orações e meus chás de raízes realmente faziam milagres, graças a Deus. Ganhei moedas, mas não cobrei nada, simplesmente aceitei, após insistência da mãe da criança. Aproveitei e comprei material para bordar uma manta para Sabrina. Depois de pronta, ela parecia uma boneca quando envolvida nela.

É, eu tenho boa memória. Aquela criança tinha os olhos azuis, pele clara e eu nunca a esqueci. Pude ler sua sorte. Ela seria uma grande mulher, muito rica. Casaria com um homem de grande dote, mas seria uma criatura um tanto soberba, estava nas linhas de suas lindas e pequeninas mãozinhas.

Pedi a Deus que a fizesse uma boa criatura e que ela pudesse ser ajudada para que se tornasse uma mulher rica, mas nunca uma mulher soberba.

A noite chegava. O céu, coberto de estrelas, e a grande mãe Lua estavam lá para nos iluminar. Todos animados, dançando. Sheila dançava dessa vez com Luana, fazendo uso de seus xales, que amarravam na cintura, levando-os até o alto da cabeça e descendo-os pelo rosto, deixando somente os olhos de fora, que fixavam em todos e que deixavam nossos visitantes até enfeitiçados com a beleza das duas. Ficaram tão amigas que passaram a se chamar de irmãs, o que deixou Sheila ainda mais feliz. Tudo perfeito. É assim, entre meu povo não há discriminação, todos são iguais, todos, iguais e unidos.

Dançavam até que a última fagulha da fogueira apagasse. Só assim iam para as barracas descansar. Muitas moedas eram atiradas ao solo e Sheila as dividia com Luana, que ficava radiante ao sentir o peso das moedas em sua sacola presa à cintura, o que servia para ajudar nas despesas da família, pois, mesmo muito jovem, ela já tinha responsabilidade com sua gente.

VI

A Gravidez de Sheila

O tempo passou. Um belo dia, Caio e Sheila foram a minha barraca visitar-me e dar a mais linda notícia da minha vida, e de suas vidas também. A minha menina estava grávida. Eu seria avó, seria ainda mais feliz, meu Deus.

Eu, sinceramente, não tinha como me conter de tanta alegria. Senti meu coração bater tão forte que tive tonteira, tamanha a emoção, que só foi controlada após um caneco de vinho, distribuído a todos, para acalmar a emoção da felicidade que se espalhou por todo o grupo.

Estava para chegar à nossa tribo o mais novo membro de nosso povo.

A alegria realmente contagiou a todos. Caio parecia não saber como fazer para controlar a emoção de cada abraço que ganhava. Realmente, todos do acampamento ficaram felizes e em festa.

Passados alguns dias, notamos que os homens teriam que sair para caçar, pois o alimento estava fraco e precisaríamos de carne para fortalecer mais nosso povo. Entre os homens escolhidos, Caio foi um deles. Sheila parecia triste por estar longe de seu amado. Com seu estado interessante, passeava de lá para cá esperando sempre ouvir algum barulho que pudesse anunciar a chegada de seu esposo. Passados dois dias, pela tardinha, lá estavam os nossos ciganos chegando felizes, contentes com o resultado de uma boa e excelente caçada.

Sheila atirou-se nos braços de Caio, que, saltando de seu belo cavalo, a abraçou com muito carinho, ajoelhou-se aos seus pés para beijar a barriga que crescia e agasalhava o seu bebê, não importando para eles que fosse menina ou menino, mas que viesse forte, perfeito, inteligente e capaz de lutar para defender seu povo.

A caça foi preparada para alimentar nosso povo. Todos trabalhando felizes, pois tudo era motivo de festa, tudo era alegria. Muitos pensam que vida de cigano é uma vida triste por não termos lugar fixo para nos abrigar. Mas somos criaturas felizes, justamente por não termos que nos prender a nada.

Ficamos em algum lugar por algum tempo enquanto pudermos e quisermos. Somos livres, filhos da lua, das estrelas e do sol. Temos o céu como nosso teto, a lua para iluminar nossas caminhadas nas estradas da vida, o sol que nos aquece, que queima nossa pele, deixando a cor morena que encanta muita gente. Temos a terra que gostamos de sentir na sola de nossos pés descalços para fortalecer a nossa energia, pois é da terra que esta vem. Vivemos nossos dias, nossos momentos como se fossem os últimos, e por isso vivemos intensamente.

Tudo é motivo de festa. Somos livres, não temos religião, mas acreditamos em Deus, na sorte de cada um; acreditamos no destino e que a felicidade somos nós que temos que procurar e viver intensamente. Ela não está longe; ela mora, justamente, dentro de cada um de nós. Não tememos a morte, pois ela é a única coisa que é certa na vida de todo ser humano, independentemente de cor ou de raça. Não chamamos a morte de morte, mas sim de uma passagem de volta ao mundo de onde viemos.

Saudades ficam de quem vai, mas é uma saudade que nos lembra de coisas boas e felizes. Portanto, sempre que um de nosso grupo tem que ir para a grande travessia, nos consolamos fazendo tudo o que o ausente gostava, e respeitamos tudo o que fazia. Quando é tempo de partida, fazemos todas as suas comidas preferidas, bebemos suas bebidas preferidas e até dançamos, pois assim acreditamos que é mais fácil ele se desprender da terra. É assim e muito mais a vida dos ciganos. Somos leais, somos justos, não gostamos de covardia. Não aceitamos a traição. Somos honrados e defendemos nossa honra, nem que seja preciso usar nossos punhais, embora sejamos totalmente contra a violência e por isso estejamos sempre juntos e com harmonia e muito amor. A traição é algo que nós, ciganos, jamais aceitaremos, e também lutamos muito contra os maus espíritos que nos queiram induzir a esse mal.

Tudo estava muito bom nesse lugar. Terra vermelha, árvores para nos refrescar nas tardes de sol e calor. O rio, que suavemente corria muito próximo ao acampamento, e que servia para lavar nossas roupas, nossos tachos e outros utensílios de nossa gente.

Lembro que, quando Sheila se banhava nesse rio, eu podia sentir seus cabelos soltos bailando sobre as águas, e como minha menina sabia nadar tão bem. Aliás, tudo que ela fazia, para mim, era lindo demais.

Mesmo com tudo de bom que esse lugar pudesse dar para meu povo, resolvemos que teríamos de levantar acampamento. Todo o grupo seria avisado, naquela noite, de que, antes que amanhecesse, todos estariam já de pé na estrada.

O dia ainda estava escuro quando apagamos nossa fogueira para partir. Todos muito dispostos esperando e confiando em Deus e em nossa Protetora para poder encontrar pelos nossos caminhos boa sorte e que o destino fosse bastante generoso com nossa gente.

Dias e dias de viagem. Pegamos dessa vez uma outra grande chuva. Parecia que o mundo ia acabar. O vento emitia um som de rebeldia como se anunciasse uma tempestade sem fim. Os relâmpagos eram até bem-vindos, pois assim clareavam nossa estrada.

Sinal foi feito para que todas as carroças fossem encostadas para esperar que a chuva tivesse um pouco mais de calma e pudesse deixar que meu povo seguisse adiante.

Do grande carroção, sai Orlânio, o mais velho do grupo, trazendo um enorme jarro com vinho para que pudéssemos tomar e assim nos sentirmos aquecidos e mais animados. Orlânio era muito sério, nunca falava nada. Lembro, no casamento de Sheila, que no momento em que ele a entregou a Caio, no local da cerimônia, um prolongado olhar firme, fechado, se fez entre os dois, com muita firmeza também por parte de Caio. Isso significava muitas palavras que não precisavam ser ditas. As do cumprimento de uma grande responsabilidade que ambos teriam um com o outro, o compromisso da lealdade, do respeito e do amor. E para isso Orlânio falava somente com o olhar, era assim seu jeito de ser, sempre foi assim e era muito respeitado.

O tempo foi generoso com nossa gente e depois de algumas horas seguimos nosso caminho. Não tivemos complicações; viagem tranquila, embora com muita chuva em todos os lugares, mas todos bem e tudo perfeito.

Orlânio, como sempre, foi o primeiro a apear, ou seja, a descer de seu carroção. Ficava lá agachado, pegando na terra, cabeça baixa entre os braços como se estivesse ouvindo a terra falar. Levantava, rodava, olhava para o céu e, depois de lançar um olhar a todos que esperavam pela sua ordem, ele apenas fazia sinal com a cabeça indicando como positivo o lugar para mais uma estada de nossas vidas.

Todas as carroças foram vistoriadas e nossas barracas armadas em grande círculo. À noite, acendemos nossa fogueira para pedir às grandes labaredas de forte calor que afastassem de nosso povo todo e qualquer mal que pudesse estar nos rondando. Muito interessante a grande preocupação de Caio, que, aproximando-se de Orlânio, através de seus olhares se pôs em direção à fogueira. Caio então fez uma prece a Deus e à grande mãe Lua. Nesse momento, então, senti que algo não agradável poderia acontecer naquele lugar. Minha preocupação foi grande e me perguntei: "Seria com quem, meu Deus e minha protetora? Com quem?".

A resposta não foi muito demorada, pois, dois dias depois, notamos que do grande carroção não havia saído aquele cigano, o mais velho do grupo, o grande pai e companheiro amigo de todos. Eu, como a mulher cigana mais velha, e por não ter outro homem cigano mais velho do que eu ou Orlânio, teria que acompanhar Caio e verificar o que estava acontecendo. Ao chegarmos ao carroção, lá estava Orlânio, ajeitando-se para sair e ter com nosso povo.

– Como vai, amigo e irmão, o que está acontecendo? – perguntei-lhe.

Ele esboçou um sorriso e falou:

– Ainda não aconteceu, vai acontecer!

Eu lhe perguntei:

– Acontecer o que, meu amigo e grande pai?

E ele nos respondeu:

– Cigana, velha amiga e companheira, acalma-te e tranquiliza-te, vais precisar por demais. Tu és a mais velha de nosso povo, e tens que ser forte, corajosa e de forte punho para segurar as rédeas de nossa gente...

– E ainda disse mais: Caio, meu rapaz, dei-te o exemplo, pois só tu podes ler em meus olhos palavras que minha boca não precisa dizer, sabes desde dois dias atrás o que está para acontecer. Portanto, quero que sejas meu seguimento, continues a luta, não desistas jamais. Luta pelo nosso povo. Mata, se preciso, para defender nossa gente. Acredita na sorte, no destino, na vida, no amor, na vitória. Luta, mas vence todas as lutas.

– Mesmo que sofras, jamais desanimes, nada é eterno. Quando o sofrimento pesar em teus ombros e abater teu coração, sejas forte, pois na vida tudo tem razão de ser, tudo tem uma continuação e todos nós temos que cumprir nossa missão com dignidade, autoridade, confiança e muito respeito. Tu tens, junto a essa que te ampara, a responsabilidade, que para isso te preparei, e terão que ser muito unidos, um adivinhando o pensamento e o desejo do outro. Portanto, estou tranquilo e sabes disso. Orgulho-me muito de ti.

– Agora, por favor, deixem-me. Não preciso mais me incomodar, preciso apenas descansar este meu velho corpo e rezar um pouco. Por favor, deixem-me, pois estou bem."

Notamos que, dali em diante, não adiantaria querer conversar, pois tudo fora dito e entendido. Orlânio há muito tempo andava sentindo dores no peito e isso nos preocupava muito, mas ele não gostava de conversar sobre o assunto, dizendo sempre que estava muito bem. Eu ainda tinha minhas dúvidas e foi Caio, que desde aquele momento começara a conversar comigo por meio do seu olhar, que me fixou e respondeu o que eu queria saber.

Eu disse:

– É... vamos esperar.

VII

A Morte de Orlânio

Passados alguns dias, todos do grupo se divertiam com as danças, cantigas. A lua estava linda, iluminando todo o acampamento para, sem a luz das lamparinas, podermos achar as moedas no chão que as ciganas ganhavam enquanto dançavam.

Caio me chamou a atenção para o carroção de Orlânio, onde um sinal se fazia. Fomos até lá e Orlânio nos pediu que o ajudássemos para que pudesse ir até a fogueira ver seu povo dançar. Assim foi feito. Sem grandes dificuldades, o levamos até lá. Tudo continuou tranquilo como se estivesse tudo bem.

É claro que todos sabiam de tudo, mas não tínhamos mais o que fazer. Orlânio pediu a presença de Sheila, que prontamente o atendeu. Ele passou a mão em sua barriga, acariciou-a com carinho e, olhando com dificuldade para o céu, pareceu pedir a Deus e à grande mãe Lua que protegesse aquela criança que estava no ventre de Sheila, que, emocionada, pegou sua mão e a beijou. Orlânio foi levado de volta a seu carroção.

Todos, em silêncio, permaneceram a sua volta. De manhã, quando o sol começou a despontar, percebemos que entre nós só estava o corpo de Orlânio, pois ele havia feito a sua grande partida. Tudo foi confirmado. Tristeza, saudades, mas, como já foi dito, a vida continua. A cerimônia foi executada conforme pedido, sem choro, e tudo voltou ao normal, pois o tempo, o Senhor Tempo, nos ensinou, em nossas caminhadas pelas estradas da vida, que tudo passa e o que deve ficar são somente as coisas boas que possam continuar a nos alegrar. Orlânio deixou-nos bons exemplos e, com certeza, tudo continuaria como sempre havia sido até aquele presente momento.

Alguns dias depois, resolvemos partir. Aquele lugar era realmente apenas para o descanso de Orlânio.

Sheila, com seis meses de gravidez, sentia-se bem, nunca reclamou nem mesmo de um pequeno enjoo. Tudo perfeito. Resolvemos apagar a fogueira e levantar mais uma vez nosso acampamento com Caio, Sheila e eu, na frente no grande carroção que fora de Orlânio.

Seguimos por uma estrada tranquila, pois desta vez, depois de tantos anos, nossa viagem seria um pouco diferente, pois teríamos na direção um novo comando, que com certeza também seria muito bom.

Paramos no caminho para dar de beber aos animais, banhar as crianças, que já estavam irritadas e famintas, e dar uma vistoria em nossas carroças para que pudéssemos ficar despreocupados. A comida foi preparada, as crianças banhadas em um pequeno riacho e até descansamos um pouco esticando redes entre as árvores. Depois, demos o sinal para prosseguirmos viagem, o que foi atendido prontamente e sem muita animosidade por todo o grupo, um dando força para o outro, pois, querendo ou não, seria impossível não sentirmos a falta de Orlânio. Sua energia, seu cheiro forte, sua maneira séria e ao mesmo tempo carinhosa, a força que vinha de seu olhar, sua presença marcante entre nosso povo, realmente tudo isso nos fazia muita falta. Não foi comentado, em nenhum momento, a sua ausência mas os olhos jamais esconderam o ar triste de cada um de nós. É natural, somos seres humanos e dentro de nosso peito bate um coração alimentado só de amor, que, mesmo com a dor da saudade e de tantas lutas por essa vida, reage e sobrevive a tudo.

Caio, com grande capacidade, seriedade e firmeza, passava a todos tranquilidade e calma. Ao fim de mais dois dias de viagem, foi dado um sinal às carroças para que parassem; todos aguardavam o sinal de que aquele seria o lugar onde acamparíamos e, dessa vez, tudo teria que estar certo, pois, com certeza, ali receberíamos um novo componente de nosso grupo.

Caio fez tudo certo. Desceu do carroção e beijou o solo, pois ali seu filho ou filha iria nascer. Olhou tudo com muita atenção. Fez tudo com calma e, depois de alguns minutos de silêncio, ele olhou para mim, apertou minha mão e, passando seu braço direito ao redor de meu pescoço, disse-me:

– Que tal esta terra, este lugar para receber nossa criança? Que tal deixarmos os passarinhos deste lugar ouvirem a primeira sinfonia de nossa criança?

Respondi-lhe:

– Perfeito, meu rapaz, perfeito!

Foi dado o sinal para que o acampamento fosse armado naquele lugar, que, dessa vez, receberia, de acordo com nossos planos, o meu neto, o filho ou filha de Sheila e Caio. Vistoria perfeita em todas as carroças, tudo na mais perfeita ordem. E assim, abençoados pelo brilho da grande mãe Lua, acampamos e fomos descansar, pois, apesar de tudo ter ocorrido com tranquilidade, a viagem fora cansativa. Apagamos as lamparinas e nos entregamos ao sono e ao cansaço.

Tudo caminhava bem, mas algo estranho parecia que iria acontecer. Não conseguia descobrir o que era. Fiz de tudo com meus feitiços, mas não consegui. Ou melhor, consegui sim.

Comecei a notar, dias após acamparmos, que Rosália, a nossa curandeira e rezadeira, andava muito inquieta, passara a dormir muito tarde, e seu costume não era esse. Eu, sim, dormia somente após certificar-me de que todos já estivessem até mesmo sonhando. E, tem outra coisa, nunca levantei depois de ninguém de meu povo, pois tomava o cuidado de ser sempre a última a dormir e a primeira a levantar-se. Muito estranho também que Mariene não estava acompanhando as outras ciganas nas lavagens das roupas e parecia distanciar-se um pouco. Estava, ainda, muito calada, ou seja, mais calada e misteriosa do que nunca. Explicação: Mariene quase não falava. Sempre se encontrava em sua barraca e quando saía trazia junto uma saca que não era muito conhecida pelo grupo, mas que Rosália conhecia muito bem.

Resolvi, então, convidar Rosália para tomar o chá da tarde comigo para trocarmos umas ideias, o que foi muito bem aceito. Arrumei toda a barraca. Tratei de perfumar as almofadas, que eram muitas. Arrumei uma bela mesa, com fartura. Fiquei à espera de minha amiga a quem costumava, em nossa intimidade, chamar de feiticeira e até mesmo de bruxa, no bom sentido, é claro. Pouco depois, Rosália chegou. Usava um belo vestido colorido e trazia seu pandeiro, que de longe lhe anunciava a presença, enfeitado com fitas coloridas, que ela carregava ao lado da cintura, pendurado por uma fita cor-de-rosa. Ela chegou, abraçou-me e disse:

– Desta vez, amiga, eu é que devo chamar-lhe de feiticeira e bruxa, pois sei muito bem o porquê do seu convite. Aceitei, pois realmente estou precisando de ajuda, e ninguém melhor que você para ajudar-me. Mas, vamos, ofereça-me um pouco de água fresca, pois estou cheia de sede e também apressada em comer suas guloseimas, pois sei que cozinha muito bem, e é a melhor cozinheira do nosso grupo. Depois conversaremos.

Sentamo-nos e, depois de satisfeitas e de nos lembrarmos de passados alegres e até divertidos, houve uns instantes de silêncio. Alguém nos chamou, e ouvimos forte a voz de Caio, que disse:

– Voltem mais tarde, ou melhor, somente amanhã, pois as senhoras estão muito ocupadas, não tendo tempo para lhes dar atenção; portanto, melhor só amanhã.

Eram pessoas que queriam ver a sorte, mas Caio sabia que o que tínhamos para resolver era assunto que se referia à nossa gente e já havia passado do momento.

Rosália me olhou firme e séria, mas nada falou e nada fez a não ser concordar com Caio após um sinal positivo com a cabeça.

Colocamos ervas perfumadas para queimar, pois sabíamos da necessidade da ajuda dos bons espíritos que deveriam estar conosco.

Rosália então me disse:

– Amiga, sinto que está preocupada comigo, pois tenho tido meu comportamento diferente do de costume, não é?

Eu lhe respondi:

– É, amiga, tem dormido muito tarde, e sinto que seus olhos acompanham muito a cigana Mariene, que também anda muito estranha.

– Pois muito bem, vamos conversar, vamos ao que nos interessa – disse ela.

Rosália me olhou firme nos olhos e perguntou-me:

– Fez a vistoria dos pertences de Orlânio, minha irmã?

Senti um frio na espinha e respondi que não, pois tudo parecia muito bem organizado.

Rosália então disse-me:

– Engano seu. Orlânio foi sempre muito trabalhador e costumava guardar suas economias. Lembra como tinha sorte nas apostas? Por certo tinha muitas moedas de ouro que trazia a sete chaves. E onde estão elas? Pois muito bem! O que estou fazendo é apenas esperar o momento certo, pois tomarei providências para descobrir onde foram parar as moedas de ouro de Orlânio e sua velha sacola de retalhos de couro.

Fiquei em silêncio por alguns instantes. Rosália prontamente leu meus pensamentos e disse:

– É isso mesmo, desconfio e tenho quase certeza, aliás, nunca fui enganada, pois estou sempre atenta a tudo e a todos. Faremos bem tarde uma reunião com nosso povo para colocar em pratos limpos todo o assunto. Teremos que tomar providências rápidas e até mesmo drásticas, mas terão que ser feitas, e você, minha irmã, estará de acordo, mesmo que tenhamos o nosso coração apertado e triste, mas nosso povo tem que estar unido na força do amor, da honra e de nossa lealdade de uns com os outros.

Assim foi feito. Marcamos para bem tarde um encontro com todos do acampamento, depois do sono das crianças, para que não tivéssemos nenhuma pausa.

Todos compareceram muito calmos, serenos e tranquilos. Mariene não chegara. Notamos também que Caio não havia chegado. Mantive-me calma, pois a serenidade de Rosália era tão grande que, pelo seu sorriso de canto de boca, desconfiado e às vezes até debochado, tranquilizava-me, pois parecia que ela sabia o que estava acontecendo.

De repente, Caio chegou com voz firme, irritado, segurando forte o braço de Mariene, e disse-nos em tom alto forte e seguro:

– A cigana Mariene estava cavando o chão para guardar ou esconder algo que me parece não lhe pertencer, senhoras, portanto resolvi trazê-la para ter com nossa gente.

Realmente, ela trazia uma sacola na mão, que segurava firme e gritava:

– Isto é meu, não devolvo. Eu peguei e ele viu. Não sei se ele gostou, pois preferiu fechar os olhos, e aproveitei, pois sabia que ele iria morrer. Portanto é meu, eu peguei.

Rosália então disse com voz firme mas muito estranha:

– Derrame no solo sagrado tudo o que está dentro dessa sacola, menina!

Ela segurou mais forte e disse:

– Não, não e não!

Rosália foi até ela, retirou dos seus braços a sacola de couro e imediatamente derramou no chão uma grande quantidade de moedas de ouro que pertencera a Orlânio.

Todos ficaram de cabeça baixa. Ninguém falou uma só palavra. Caio havia se retirado, voltando a seguir com um cavalo já preparado e um cantil de água, e falou:

– Meus irmãos, aprendam esta lição. Nosso povo jamais será traído por nossa própria gente. Não pertence a nós quem nos trai a confiança, pois a nossa honra está em primeiro lugar. Portanto, cigana Mariene, seu cavalo está preparado para que parta. Você não pertence mais a este grupo. Vá e pague com remorso e sofrimento a sua traição, pois aqui não terá perdão.

Mariene saiu, montou seu cavalo e, enquanto se afastava, Caio jogou-lhe uma pequena sacola, que ela prontamente pegou sorrindo ironicamente.

Caio, então, lhe disse:

– Tome essas moedas. Estamos lhe dando como esmola, para que não sinta fome até que aprenda a se defender para se sustentar. Vá e não olhe para trás, você não nos pertence mais, ingrata!

Mariene foi embora. Sua história era muito parecida com a história de seus pais.

Havia em um acampamento cigano de outra tribo um casal que vivia causando discórdias entre todos, ciganos e não ciganos. Por mais que fosse ajudado, o casal sempre queria mais e mais, e isso trazia complicações para o grupo. Ele fazia tudo para aborrecer sua gente. Era um casal que parecia ter vindo ao mundo para trazer a tristeza e a discórdia entre nosso povo. O cigano Ruelito namorava as mulheres não ciganas e as atraía por meio de seus feitiços. Elas ficavam tão encantadas que o presenteavam com moedas de ouro, e até com peças de ouro, e com isso ele enriquecera. Sua esposa Sernita, às vezes, descobria e os dois brigavam muito e traziam com isso grandes discórdias e desequilíbrio entre seu povo. Uma vez eles tiveram que sair fugidos de um lugar por Ruelito ter trapaceado no jogo um jovem ricaço do lugar e por Sernita ter combinado fazer alguns trabalhos de bordado para uma jovem senhora e, depois de prontos, ter-se recusado a entregá-los. Era um casal que agia de maneira oposta aos nossos princípios, mas, enfim, não estamos aqui para julgar ninguém. Depois de algum tempo de casados, Sernita ficou grávida e nasceu uma bela menina que recebeu o nome de Mariene.

Mariene veio parar em nosso grupo após seus pais terem sido expulsos de sua tribo, quando eles resolveram dar a menina para Orlânio cuidar.

Tempos depois, o casal, acometido de uma doença, veio a falecer, por não ter encontrado ajuda. A menina, então, ficou órfã de pai e mãe.

Sabemos que Orlânio fez muito por Mariene, que se tornou uma moça bonita, alta, magra, com cabelos longos e negros que cobriam suas costas e desciam por sua cintura. Conversava muito pouco. Nunca se juntava às outras ciganas, ficando sempre de longe a observar tudo o que acontecia, sempre muito séria, mas com o olhar sempre ameaçador, o que, às vezes, me preocupava.

Mariene recebeu de Orlânio todo o carinho e atenção de um pai, mas nunca foi grata por nada. Sua história lhe fora revelada para que ela soubesse que entre nós não poderia repetir o que seus próprios pais fizeram antes de ela nascer e, talvez por ter tido o conhecimento de sua história e saber que entre nós havia respeito e seriedade, ela sempre se comportou bem, embora mantendo distância, sempre muito reservada, quase sem falar. Nunca se viu Mariene dançando com nossas ciganas, ou fazendo alguma coisa juntas. Sabemos que ela gostava de nadar, pois mesmo nas noites escuras, quando acampávamos perto de algum rio, ela saía sempre para se banhar. Gostava muito de mamão, e não podia ver um pé que dava um jeito de pegar um ainda verde e guardava até amadurecer para poder comer. Trazia em seu tornozelo, amarrada com uma fita amarela, uma moeda com um furo no meio. Seus cabelos estavam sempre soltos. Por mais calor que fizesse, ela nunca os prendia. De vez em quando a pegávamos lendo a sorte de pessoas, pois era assim que ela ganhava suas moedas. Ela lia a sorte muito bem e todos a procuravam com frequência, mas ela sempre mantinha tudo em segredo e nunca falava nada a ninguém sobre o que fazia durante o dia. Mariene era totalmente misteriosa e acabou como os seus pais, expulsa do acampamento.

Esse fato nos deixou muito tristes e até hoje o lembramos, mas nunca mais se ouviu dizer que algo semelhante aconteceu.

VIII

O Nascimento de Mirtes

Tudo voltou ao normal. Todos felizes, trabalhando muito na feitura de tachos de cobre para pequenas vendas do lugar que os haviam encomendado. Todos trabalhando, até que deu para acumular economias para as necessidades que porventura pudessem ocorrer.

Sheila estava muito animada com o enxoval do bebê, que se aproximava a cada lua. Caio trabalhando muito, feliz e orgulhoso. Nosso acampamento estava muito leve, sereno e tranquilo, tudo era paz e alegria nas noites alegradas pelas canções de Caio e das danças de nossas ciganas. Luana dançava mais e mais, pois Sheila já estava com a barriga muito pesada e não seria bom grandes movimentos com a dança.

Sentada em um belo tronco de árvore, que Caio havia preparado para sua amada, Sheila assistia a tudo muito feliz e contente com seu esposo tocando e cantando em volta dela, fazendo gracejos para vê-la sorrir cada vez mais.

Luana dançava com uma rosa amarela nas mãos, que passava sempre suavemente na barriga de Sheila.

As luas se passaram e se aproximava cada vez mais a chegada do mais novo componente do nosso grupo. Tudo estava preparado para sua chegada.

Em uma noite bastante chuvosa, quando o céu parecia todo coberto de nuvens escuras, todos se acomodaram mais cedo, pois com a chuva o tempo trouxe um pouco de frio, e todos trataram de dormir mais cedo. Não se ouvia outro barulho a não ser o da chuva que batia nas pesadas lonas das barracas fazendo um barulho bastante forte.

Nessa noite, resolvi convidar Sheila, que se mostrava bem disposta, para dormir em minha barraca, mas ela prontamente me disse:

– Não, mãezinha. Estou me sentindo muito bem e não pretendo incomodá-la. Passaremos eu e Caio juntinhos, pois estou com frio e ele sempre me aquece.

Caio ouviu muito feliz o que sua esposa falava. Procurei então me preparar para dormir, um pouco preocupada. Rosália chegou a mim e disse:

– Sua preocupação não é vã. Ficaremos as duas atentas, pois pode ser esta a noite do nascimento do mais novo do nosso grupo.

Tentei dormir e não consegui. Levantava-me, tomava chá a todo o instante, não conseguia tranquilizar-me, quando, de repente, senti meu coração disparar como se quisesse sair pela boca. Num gesto muito brusco, abri as cortinas que se faziam de porta de minha barraca para olhar se tudo estava bem, quando notei que da barraca de Caio e de Sheila havia um sinal de socorro, um sinal que pedia ajuda.

Não sabia o que fazer. Saí correndo e, quando cheguei, meu Deus! Que quadro triste, não consigo esquecer. Estava lá a minha menina, sem nenhuma cor e já sem forças para gemer de tanta dor. Seu nenê queria nascer, mas estava em dificuldades. Gritei por Rosália, que estava chegando por já ter pressentido a necessidade de sua ajuda.

Água quente e panos foram providenciados para ajudar. Chamávamos por Sheila e ela já não nos ouvia.

– Força, Sheila, força, não desanime, minha menina. Eu a ensinei a lutar, esta é a hora em que nós, mulheres, somos as criaturas mais fortes deste mundo. Tenha força, fé, seu nenê quer sair de sua barriga, não o deixe sufocar. Faça força que ele já vem, filha minha.

Rosália gritou ordenando que se desamarrassem seus longos cabelos, que estavam em duas lindas tranças, e seu pedido foi prontamente atendido, pois acreditávamos que, desamarrando as tranças, desamarraria também o parto que parecia difícil, mas Sheila não reanimava. Colocamos em seu pescoço patuás para ajudar a afastar o mal e facilitar o nascimento da criança. A fogueira foi prontamente acesa na porta da barraca para espantar os maus espíritos e rezas começaram a ser feitas pelas ciganas que rodeavam a barraca de Sheila. Os panos quentes, já colocados em sua barriga, eram trocados a cada instante para que não esfriassem, enfim, tudo estava sendo bem feito.

De repente, sentimos que Caio já não suportava mais e gritava:

– Por favor, amada minha, não me deixes, tenhamos nosso filho para sermos felizes. Nós precisamos de ti, tenhas fé e força que tu podes e vais conseguir.

Rosália fechou os olhos, pegou na mão de Sheila e começou a esboçar um sorriso. À medida que seu sorriso se fazia, Sheila abria os olhos, atendendo aos gritos de Caio e às preces de Rosália e também às minhas. Minha menina abriu os olhos e procurou a mim e a seu esposo, que prontamente segurou suas mãos passando-lhe suas forças. Sua fisionomia começou a mudar de tal forma que, de repente, não mais parecia Caio. A força do seu amor por sua esposa, vendo-a sofrer de dor, fez com que ele pudesse ir até o plano espiritual trazer ajuda para que Sheila e seu filho não morressem. Foi aí que sentimos que Sheila começara a recobrar suas forças. Segurando firme nas mãos de Caio, tomava respiração e fazia força para que seu nenê pudesse vir ao mundo. Rosália e eu continuávamos com nossas preces. Sheila olhou para todos nós e disse:

– Eu sou uma cigana, meu coração é cigano, minha vida é cigana, sou forte, vou conseguir, venha, filho meu, venha, filho meu.

Sua força dobrou, mas dessa vez a força de uma verdadeira cigana. Caio segurava forte suas mãos. O suor de Sheila molhava todo o seu corpo e ela parecia a cada instante ganhar mais força, quando de repente ouvimos o som mais lindo que jamais havia ouvido em minha vida. O choro de uma linda menina que acabara de sair do ventre de Sheila, fruto do seu amor com Caio, que, de tão emocionado, se pôs a chorar e agradecer a Deus e à nossa mãe protetora pelo nascimento de sua filha.

Rosália entregou-me minha neta, que logo foi cuidada, enquanto ela cuidava de Sheila, que estava bem, embora bastante cansada. Lá fora estava Caio, feliz, de joelhos, agradecendo a Deus. A chuva havia cessado e estava lá, no céu, um pouco escondida, por entre as nuvens, a nossa mãe Lua. A fogueira estava um pouco apagada e Caio tratou logo de reacendê-la, colocando mais galhos de árvores secas para queimar e também para aquecer sua barraca, que dessa vez também aquecia sua filha. Sheila, após descansar e tomar um chá para reanimar um pouco mais, pegou sua filha no colo e a colocou em seus seios para alimentá-la pela primeira vez. Fiquei muito feliz pois pude assistir, de longe, quando ela disse o nome de sua filha, no ouvido, o qual seria revelado somente no dia de seu casamento.

Fiquei parada, na porta da barraca, admirando aquele quadro lindo e gravando em minha memória, para nunca esquecer esse dia tão importante na vida de Sheila e de sua filha, que, agarrada ao seu seio, parecia faminta. Caio se aproximou das duas e, acariciando os longos cabelos soltos de Sheila, beijou-a na testa e acariciou sua filha, que ainda fazia sua primeira mamada. O quadro ficou ainda mais bonito com a presença dos três. Rosália havia ido para sua barraca com a recomendação de que a chamassem se fosse necessário, mas tudo parecia ir muito bem, e por isso não seria necessário incomodá-la.

IX

O Primeiro Presente de Mirtes

O dia amanhecera, e pela graça de Deus o sol também chegara junto com o dia, trazendo boas-novas para o meu povo. Eu não dormira, fiquei apreciando os três que, entregues ao cansaço, adormeceram um nos braços do outro.

Que felicidade a minha! Obrigada, meu Deus e nossa Protetora!

Caio, assim que sentiu que o dia amanhecera, deu um pulo meio que assustado e se pôs logo em atividade, dizendo:

– Tenho que anunciar a todos que minha filha acaba de chegar e, com certeza, trará felicidades para todos de nosso grupo.

E assim foi feito. Caio saiu sem tomar nem uma caneca de chá, anunciando:

– Chegou o mais novo membro de nossa família, de nosso povo, minha filha Mirtes, minha e de Sheila, o fruto do nosso amor que traz para todos o amor e a união de nossa gente. Logo mais, teremos festa, ou melhor, a festa começa agora.

Caio agachou-se e, de joelhos, novamente agradeceu a Deus pela vida das duas que para ele eram toda a sua riqueza. Podia-se ver, de longe, o brilho de seus punhais na cintura, cravejados de pedras e de ouro maciço. Ele estava tão feliz que, apesar de ser um belo rapaz, estava ainda mais bonito, mais forte. Ele esticou o peito para a frente e disse:

– Vamos à labuta. Agora tenho duas mulheres para dar o melhor do mundo.

Jeremias olhou meio assustado para Caio, que lhe disse:

– Não se assuste, meu rapaz, pois as duas mulheres a quem me refiro são minha esposa e minha filha que acaba de nascer.

E, abraçado a Jeremias, saiu em direção à fogueira que não poderia apagar-se. Providenciamos, então, o primeiro banho de minha neta. Tínhamos uma bela bacia de prata, trabalhada com fios de ouro, que servia para banhar toda criança que nascia no nosso grupo. Preparamos, eu e Rosália, água limpa de cachoeira, ervas aromatizadas, vinho, peças de ouro, enfim, tudo o que era necessário para o primeiro banho de Mirtes.

Caio foi avisado e imediatamente veio passar na água do banho de sua filha seus punhais afiados, para cortar todo mal que porventura pudesse atravessar seu caminho. Tudo foi colocado na água e Sheila colocou sua pequena filha no seu primeiro banho. Ela parecia muito contente. Foi então que pensei: "Esta menina vai ser boa de nado".

E não deu outra.

Sheila enxugou sua filha em uma linda manta bordada e purificada com a fumaça de jasmim e alfazema queimados e por meio de orações que eu e Rosália fizéramos.

Tudo estava perfeito. O dia, firme, não mostrava sinais da tormenta da noite anterior. Penso, hoje, que aquela chuva ajudou a limpar o mal de nosso acampamento. Foi bom.

O dia passou com muita alegria. Sheila recebia visitas a todo instante, com muitos presentes em ouro, para ajudar na criação de sua filha. Caio trabalhava para poder entregar as encomendas de tachos de cobre para as vendas na cidade próxima. Nosso povo preparava para a noite uma festa, que prometia ser de grandes alegrias, com mais um motivo de vida, que era a presença de minha netinha.

A noite chegou trazendo nossa mãe Lua. Era tudo que precisávamos para completar o ritual do nascimento de Mirtes. Todos estavam animados. A fogueira estava com as labaredas altas e o fogo parecia cantar. Sheila sentara em um tronco de árvore coberto por almofada que seu amor lhe havia preparado na porta de sua barraca. Caio já estava de violino nos braços.

O céu estava coberto de estrelas e a lua brilhava. Foi então que peguei minha neta no colo, retirei suas roupinhas e a apresentei à lua pedindo-lhe que nos ajudasse a criar aquela criança que acabara de chegar. Tudo foi feito. Vesti minha neta rapidamente, pois o tempo, apesar de lua e estrelas no céu, estava frio. Caio tocou, pela primeira vez, suavemente, uma canção de ninar para sua bela filha.

Sheila abraçou a menina, olhando por cima dos olhos o seu esposo, tocando violino com mais encanto do que antes. Seus cabelos negros, compridos, caíam por cima da manta que aquecia o bebê, o que lhe dava uma aparência ainda mais encantadora.

Feliz estava também Rosália, que veio visitar-nos e assistir de perto às comemorações do nascimento de minha neta, que ela dizia ser sua também.

A festa iria até de manhã, não fosse a volta da chuva que, dessa vez, estava mansa e gostosa de ouvir. Seu barulho tocava as árvores fazendo uma bela sinfonia. Todos estavam muito felizes, graças a Deus e à nossa Protetora. Tudo corria bem.

O dia amanheceu e estava muito bonito. O sol começava a irradiar seus raios, colorindo o céu, que já começara a ficar sem as nuvens. Os pássaros saltitavam emitindo sons que encantavam ainda mais aquele lugar, perfumado por várias espécies de flores. De longe, podia-se avistar uma bela montanha que estava linda, com um verde que nem poderia ser descrito, de tão bela a natureza.

A terra ainda estava molhada pela chuva que caíra de madrugada e Caio já havia saído com Jeremias. Eles foram comprar algo para dar de presente à pequena Mirtes. Por volta do meio-dia, eles voltaram trazendo uma bela cabra que haviam conseguido comprar em uma pequena fazenda, nas redondezas de nosso acampamento.

Era interessante, pois me lembrava de ter carregado Caio no colo quando pequeno e agora o via cuidando do fruto do seu amor, o resultado perfeito de uma união perfeita.

Feliz, muito feliz, ele se aproximou de mim e me apresentou o belo animal que iria ajudar a alimentar sua filha, deixando-a forte e saudável. Ele já estava prevenindo-se no caso de Sheila ter pouco leite.

Era uma bela cabra. Caio foi buscar sua amada para ver o primeiro presente que sua filha ganhara do pai. Foi muito bom pois Sheila, brincando, disse para a cabra:

– Bom dia, dona cabra.

A cabra soltou um belo som, arrancando gargalhadas de todos que assistiam, enquanto Jeremias tratava de arrumar um cercadinho para ela.

Fizemos uma limpeza na barraca de Sheila, tendo o cuidado de não deixar uma só "sujeirinha", por causa do nenê novo e também porque Sheila era muito caprichosa, mas ainda não estava em condições de fazer muito esforço.

Depois de tudo, dei banho na minha neta, sempre com a ajuda de Rosália. Cuidamos de Sheila e fizemos duas lindas tranças em seus cabelos. As duas estavam de banho tomado, arrumadas, esperando agora por um belo chá da manhã com as deliciosas roscas que eu preparara e de que todos gostavam. Dessa vez, fiz em grande quantidade para servir também aos convidados.

Ficamos naquele acampamento por um bom tempo até sentirmos que Sheila já podia pegar a estrada de novo. Quando isso aconteceu, teríamos levantado acampamento logo, não fosse uma forte gripe acompanhada de febre que Jeremias começou a ter. Ficamos sem poder partir, pois ele era o braço direito de Caio e de grande confiança. Tenho a impressão de que, se não fosse Caio, seria Jeremias o preferido de Orlânio. Tivemos que ficar mais alguns dias, ou melhor, quase um mês ainda. Foi muito bom, pois a sorte nos rodeava naquele lugar, trazendo-nos trabalho e ganhos de moedas para o sustento e manutenção de todos.

Após Jeremias ter-se fortalecido, resolvemos, de comum acordo com todos, partir de madrugada, e tudo foi preparado para a última fogueira, com danças de despedida.

Muitos foram nos visitar e assistir às ciganas dançando com a beleza que a todos encantava. Muitas moedas foram jogadas ao chão para as ciganas dançarem ainda mais, e, enquanto a festa prosseguia com as danças, tudo era preparado para a nossa partida.

Caio tomava todo cuidado com o grande carroção, que agora estava sob seus cuidados. Tudo estava perfeito. Alimentos com bastante fartura, água, vinho, remédios com as ervas, já preparados pelas ciganas, para o caso de alguém precisar.

Não havia mais ninguém de fora no acampamento quando apagamos a fogueira e, agradecendo ao grande Senhor do Universo, pegamos a estrada.

XI

A Perseguição

 O dia ainda estava escuro. Caio saiu na frente com lamparinas acesas mostrando o caminho a seguir. Depois de algumas horas, o dia começou a chegar trazendo um belo sol, e a brisa da estrada, tão gostosa, acariciava o nosso rosto com suavidade e encanto.

 Nossa viagem seguia com muita alegria. Podíamos ouvir o canto de todos. Eram oito grandes carroças, uma atrás da outra, tendo Caio como condutor e grande Senhor de nosso povo, o Pai Grande, que, embora fosse ainda jovem, era o mais velho dos homens do nosso acampamento, em quem Orlânio confiara, passando-lhe a responsabilidade do cuidado com nosso povo.

 De repente, percebemos um sinal vindo de uma das carroças, a quinta atrás da nossa. Caio deu o sinal de parada para verificar o que estava acontecendo. Paramos todos, e fomos avisados de que um grupo de homens estranhos estava nos seguindo.

 Eles vestiam roupas de couro, eram cabeludos e muito estranhos. Caio orientou a todos os homens para que ficassem preparados, pois talvez fosse necessário usar nossos punhais e, se preciso fosse, matar para nos defendermos.

 Encostamos bem as carroças umas nas outras e as mulheres e crianças receberam ordens para permanecerem quietas e em silêncio, enquanto os homens esperavam por aqueles que nos seguiam.

 Caio, muito calmo, chamou Jeremias, que prontamente se pôs ao lado dele. Todos estavam com suas armas em punho. Depois de alguns instantes, eles se aproximaram. Seus cavalos cheiravam mal, confundindo com o forte cheiro que vinha daqueles homens tão mal-encarados que davam medo. Um deles desceu do cavalo e, puxando uma arma, que parecia uma grande faca com o cabo enrolado em uma faixa de pano branco, encardido de sujeira, aproximou-se de Máxius, um cigano ainda muito jovem, de sangue quente, tão nervoso que as veias de seu pescoço pulsavam forte, que se fez de muito corajoso e os encarou com os olhos firmes. Caio aproximou-se do mal-encarado e fixou o olhar firme no homem, perguntando-lhe:

— O que quer de meu povo, e por que nos seguem, homem?

O homem, sério, ficou calado e deu uma volta ao redor de Caio, que, atento, ficou inerte esperando reação de luta do sujeito, enquanto os outros homens a tudo assistiam de cima de seus cavalos, sem nada fazer, com ar de ironia.

Nosso povo também a tudo assistia, pronto para lutar e se defender. As mulheres rezavam abraçadas a seus filhos. O homem então, com cinismo e com um sorriso irônico, disse:

— Queremos suas moedas de ouro, os alimentos e bebidas que carregam e toda a farinha.

Caio deu uma gargalhada tão alta e sinistra que assustou a todos, pois nunca havíamos assistido àquilo. Sua gargalhada assustou os cavalos, jogando um dos homens ao chão. Quando o líder dos homens virou-se para ver quem havia caído, foi segurado por Caio, que disse com voz calma, tão baixo, que mal conseguimos ouvir:

— Escute bem, "filho daquele sujeito", se você quer uma gota d'água da minha gente, um grão da farinha que carregamos, se pensa em nos roubar, prepare-se antes para lutar e reze para não morrer na ponta de meus punhais.

Caio puxou firme seus punhais da cintura. Quando o homem notou que eram de ouro, ficou ainda mais louco e alucinado, avançando em sua direção. Foi imediatamente jogado ao chão por uma rasteira aplicada por Caio, que o prendeu, colocando suas botas pesadas no pescoço do sujeito.

Caio logo percebeu que não ia mais precisar de seus punhais e guardou-os. Aqueles homens eram maus, mas fracos e covardes, e jamais saberiam lutar conosco, pois éramos fortes, corajosos e muito protegidos.

Nosso povo a tudo assistiu com calma e confiança em Deus e em nossa Protetora, esperando um sinal para que pudessem expulsar aquela gente feia que veio nos atormentar.

Caio, então, lhes disse:

– "Filho do sujeito", pela força de Deus, que protege meu povo, pela presença de nossa Protetora, saia daqui e procure o seu rumo na nossa frente, pois, do contrário, sujarei meus punhais com o seu sangue sujo e nojento. Se quer moedas de ouro e alimentação, procure por meio do seu trabalho, pois do meu povo você não levará nada! Nem que eu tenha que matá-lo. E matarei, sem perdão, como se fosse um animal ruim qualquer.

Caio ordenou aos outros homens que fossem embora. Tirou as botas do pescoço do infeliz, que logo se pôs a cavalo e seguiu a nossa frente, sem olhar para trás.

Assunto encerrado. Ninguém disse uma só palavra. Graças a Deus, não foi preciso lutar, pois Caio usou sua astúcia para impor respeito e autoridade.

Após notar que aqueles infelizes estavam longe, demos água aos cavalos, comemos um pouco e tratamos de seguir viagem.

A noite chegou. Resolvemos parar para pernoitar na estrada, debaixo de árvores bastante acolhedoras. O céu estava coberto de estrelas e a Lua, a grande mãe, na fase crescente, iluminava todas as carroças e, com a ajuda das chamas das lamparinas, nos dava a impressão de dia amanhecendo, tão claro que estava.

Caio pegou seu violino e se pôs a tocar, enquanto as ciganas acompanhavam cantando. Fizemos uma fogueira e começamos a comer.

Rosália aproximou-se de Caio e lhe disse:

– Meu rapaz, tenho certeza de que Orlânio está orgulhoso de você. Pude ver pelo seu sorriso a sua tranquilidade.

Caio, ansioso, perguntou:

– Como, senhora Rosália, como?
Rosália respondeu:
– Ele estava de braços cruzados, ao seu lado, enquanto você botava pra correr aqueles infelizes.
Caio sorriu e disse:
– Bem que eu senti seu cheiro junto a mim.
Depois, olhou para os céus, juntou as mãos e ergueu-as sem nada dizer. Apenas deu um leve sorriso de satisfação e orgulho de si mesmo.

Amanheceu. Seguimos viagem sem vermos sinal daqueles infelizes. Depois de mais alguns dias de viagem, avistamos ao longe, bem lá embaixo, um lugar plano cheio de árvores, tão lindo que pensei que ali poderíamos ficar. Dito e feito. Depois de mais algumas horas, descemos aquela serra e chegamos lá.

Caio fez sinal para pararmos e foi verificar se poderíamos acampar naquele lugar. Pegou a terra, que era bem avermelhada, esfregou-a entre os dedos. No lugar, havia árvores por todos os lados. No silêncio do lugar, notamos o barulho de águas por perto. Sentimos que o som das águas vinha de uma grande cachoeira, encoberta por árvores enormes cujas copas se encontravam bem no alto, formando uma cobertura que dava sombra a toda a extensão da cachoeira.

Enormes pedras cercavam as águas límpidas que desciam do alto com grande suavidade. Podíamos tomar banho e deixar as crianças brincarem tranquilas sem nos preocuparmos. Era perfeito para lavarmos nossas roupas e nossos utensílios de cozinha.

Caio permitiu que armássemos as barracas, mas, pela primeira vez, disse a todos:
– Que Deus abençoe este lugar para que sejamos felizes, defendendo-nos dos nossos inimigos.

Senti um calafrio e pensei: "Bobagem, seremos felizes, sim".

Armamos as barracas. Todos estavam animados, felizes, cantando, embora estivessem todos muito cansados. As carroças rodeavam as tendas de lonas pesadas e coloridas. As árvores nos ofereciam sombra. Tudo estava perfeito, graças a Deus. O pessoal da redondeza nos observava de longe, mas nos parecia muito simpático e eu sabia que poderíamos, naquele lugar, fazer boas amizades, mesmo que não fossem ciganos como nós, mas todos éramos criaturas de Deus.

Caio tratou logo de fazer o cercadinho para a cabrinha que alimentava sua filha. Depois, preparou um lugar onde pudesse trabalhar na feitura de seus tachos de cobre, pois era dali que ele ganhava as moedas necessárias para o sustento de sua família, apesar de trabalhar também fazendo lindos colares de ouro maciço.

Logo após tudo arrumado, e depois de nos alimentarmos, uma bela moça, com mais ou menos 19 anos, morena, cabelos longos e negros que iam até a cintura, alta, corpo magro e esbelto, com um belo sorriso e muito simpática, se aproximou de mim e de Rosália e nos disse:

– Adoro o povo cigano. Vivo sonhando, vendo-me sempre vestida como vocês e dançando em volta de enormes fogueiras. Quando não me vejo dançando, vejo-me a noite inteira viajando em enormes carroções, como os de vocês em estradas longas e desertas, e isso me faz muito bem. Já faz muito tempo que sonho com isso. Acho que passei minha vida somente sonhando que fui ou sou cigana. Às vezes, pergunto-me por que sonho tanto assim com vocês. Mas é um prazer enorme ter sua gente perto de minha casa. Nem imagina como foi bom quando estavam chegando. Senti meu coração bater forte e corri pedindo a Deus que pudessem acampar aqui mesmo. Dei graças quando senti que minhas preces foram atendidas. Sejam todos bem-vindos e muito felizes. De verdade.

Rosália abraçou a bela jovem e disse:

– Ainda não conseguiste deixar os costumes de vidas passadas. Foste cigana como eu, como nós, e por isso ainda teu passado está muito presente no teu subconsciente. Eis por que sonhas tanto com nossa gente, mas terás felicidade. Tens tudo para ser feliz nesta vida, minha menina, e, se tu quiseres, depois volta, para que eu possa ver tua sorte.

A jovem logo estendeu-lhe as mãos, mas Rosália falou:
– Calma, minha linda jovem. Ficaremos muito tempo juntas. Estou muito cansada. Mais tarde trataremos de ver isso. Não esqueça de trazer algumas moedas, hein?
A jovem sorriu e disse:
– Por certo que sim, senhora. Com muito gosto lhe trarei moedas para lhe recompensar. Até mais tarde, pois não quero incomodar mais. Juro que voltarei.

Com gestos de uma verdadeira cigana, a jovem se afastou deixando-nos uma sensação de amor e carinho, uma energia muito forte.

Rosália me fixou o olhar e falou:
– Vou descansar um pouco, pois a noite promete uma bela festa. Se Deus quiser, apreciaremos nossa dançarina pela primeira vez depois do parto. Eu a vi preparando seu vestido de festa para dançar hoje à noite. Vai ser muito bom. Prepare-se, pois teremos vinhos e assados para servir, com muita fartura e sem nenhuma economia. Olhe para o grande céu. Ele nos promete uma bela noite de lua crescente e isso vai ser muito bom para todos nós. Vamos descansar, minha irmã.

Rosália foi para sua barraca e eu também fui dormir um pouco, pois a viagem fora longa e muito cansativa. Merecíamos um bom descanso.

À tarde, todos muito animados trataram de se preparar para a noite que seria festiva. As crianças estavam felizes. Pareciam estar no paraíso.

Uma bela e enorme fogueira foi armada para que à noite o fogo fosse atiçado para a dança das ciganas. O cheiro dos assados já podia ser sentido.

Todas as ciganas estavam tratando de se enfeitar, arrumando seus longos cabelos que brilhavam após o banho, tomado na bela cachoeira que a natureza fez próximo ao acampamento.

XII

A Premonição

A noite se fez, linda, trazendo no céu a nossa grande mãe Lua acompanhada das estrelas que cintilavam. As árvores balançavam e pareciam estar em festa com a nossa chegada.

Tudo estava ótimo. Fui até a tenda de Sheila verificar se tudo estava bem e ver se Mirtes já havia tomado banho.

Sheila, muito bonita, usava um vestido colorido com um belo xale que ela amarrava na cintura. Na cabeça, trazia um lindo lenço que ela mesma fizera com o pano de seu xale, pois era muito detalhista e gostava de tudo combinando. Eu, às vezes, achava que a mimei muito. Não importa. Tudo o que ela fazia para mim era lindo.

Caio também estava muito bem-vestido. Seus punhais, após terem sido lustrados por ele, brilhavam em sua cintura. Usava botas de couro cru, calças pretas e uma bela camisa branca de seda pura. Trazia na cintura uma faixa vermelha e um lindo adorno na cabeça também na cor vermelha, com alguns medalhões pendurados.

Até mesmo eu, sem muita modéstia, estava me sentindo muito bem, até bonita, o que foi notado por Sheila, que me fez um elogio que, é claro, adorei. Afinal, quem não gosta de ser chamada de bonita, não é mesmo?

As ciganas, lá fora, estavam passeando de um lado para outro, todas muito animadas, elegantes e felizes com os ares do lugar.

Rosália veio ter comigo e perguntou se eu já fora ver como estava a nossa princesinha, ao que respondi que estava tudo bem, procurando tranquilizá-la. Ela parecia um pouco preocupada e eu não gostava de vê-la daquele jeito, nervosa, e às vezes perdida, parecendo não ouvir o que lhe falavam.

Todos do acampamento se reuniram em volta da fogueira. Costumávamos fazer uma prece com todo o grupo, reunindo também as crianças, no primeiro dia que acampávamos em qualquer lugar que fosse. Isso, para nós, era muito bom para afastar os maus espíritos que pudessem aproximar-se de nós.

Caio, após fazer a prece pedindo a Deus e à nossa Protetora proteção para toda a nossa gente, pegou seu violino e se pôs a tocar e a cantar ao mesmo tempo.

De repente, Sheila saiu de sua barraca dançando suavemente, até chegar perto de Caio, que lhe ofereceu uma rosa vermelha a qual ela prontamente colocou em sua cabeça presa ao lenço. Ela dançava suavemente, enquanto a música tocava bem devagar. Caio começou a tocar mais forte e rápido, o que fez com que Sheila também acelerasse o ritmo da dança, levando a todos que a assistiam o fascínio de seu olhar, que encantava e enfeitiçava. Moedas foram jogadas ao chão e ela dançou com entusiasmo ainda maior, para todos que nos assistiam.

Dançava rodando sua saia e podíamos sentir no rosto o vento que seu movimento gerava. Seu perfume se espalhava pelo ar. O suor começara então a descer pelo seu colo. Sua pele, de cor morena e queimada pelo sol, brilhava à luz da fogueira e da mãe Lua, que a tudo lá do alto assistia.

Todos marcavam a música com palmas, enquanto Sheila a marcava com os pés descalços a cada batida do violino de seu esposo, que, na verdade, tocava para ela, à medida que ela dançava para ele. Nisso residia todo o encanto daquele momento.

Todos dançavam muito. O pessoal da redondeza estava todo lá para nos assistir. Era muito bom, pois assim ganharíamos muitas moedas.

Estava lá, junto ao pessoal visitante, a bela jovem que nos visitara à tarde. Entre todos, ela se destacava. Parecia que era de nossa gente. Muito bonita, quis nos agradar vestindo-se igual a nós. Rosália tinha razão. Essa menina ainda tinha muito de sua vida passada, na qual, com certeza, havia sido cigana e não conseguia deixar de sentir-se como tal, nessa sua nova vida. Sheila, percebendo que a jovem se vestia como nós, chamou-a para dançar e, para nossa surpresa, vimos que ela dançava tão bem quanto a minha filha. Dançava tanto que não parecia pertencer a outro grupo que não o nosso. A emoção tomou conta da jovem, que, chorando, ficava ainda mais bonita.

Todos acompanhavam as danças com palmas. Pareciam incansáveis, tamanho o entusiasmo que demonstravam, com expressão de felicidade.

Luana juntou-se às duas e dançou também. A fogueira ardia, em chamas altas, iluminando, com a luz da lua, o nosso acampamento. Foi uma noite inesquecível para todos nós e, principalmente, para aquela linda jovem, pois assim pôde reviver um passado que parecia estar novamente no presente.

No outro dia, bem cedo, estava ela de volta para ler a sorte com Rosália, que recebeu da jovem oito belas moedas de ouro.

Seu pai, o homem mais rico do lugar, havia falecido, deixando para a filha uma grande fortuna. Sua mãe, uma senhora muito bonita e ainda bastante jovem, nunca mais saíra de casa, pois amava muito seu esposo, não aceitando sua partida tão repentina. Por isso, após sua morte, entregou-se à tristeza e não mais frequentou a sociedade do lugar. Assim, a jovem, sempre que saía, procurava voltar logo para não deixar a mãe sozinha.

Rosália leu-lhe a sorte através das linhas de suas mãos. Satisfeita, ela saiu da barraca saltitando de alegria, pois, segundo Rosália, muito em breve ela conheceria seu príncipe encantado e seriam muito felizes.

Sempre que podia, a jovem vinha nos visitar e trazia sempre algumas guloseimas para saborearmos juntas. Ia de barraca em barraca e conversava com todos. Um dia, ela trouxe para Mirtes um belo vestido, confeccionado por ela mesma. Sheila ficou muito agradecida e lhe deu, em troca, um lindo xale que fizera com muito carinho e que agradou por demais à menina. Esta prontamente o amarrou em sua cintura e fez gestos de dança, levando-as a dar boas gargalhadas como se fossem duas crianças. Ao perguntar seu nome, tive uma agradável surpresa, pois era um dos meus favoritos... Diana. Adorei.

– Parabéns, minha menina – disse-lhe.

– Tens um nome encantador. És mesmo uma Diana. Desejo-te muita sorte em tua vida e que sejas muito feliz. Continue sempre com este teu jeito de ser, dócil, amigo e muito alegre. Tens o dom de trazer, por teu sorriso, a felicidade para quem tiver o privilégio de estar perto de ti. Que nossa Protetora te dê muita sorte e que sejas realmente muito feliz.

Ela simplesmente me deu um forte abraço e minutos depois se foi. Mas, à noite, sempre voltava para nos assistir e, até mesmo, para dançar um pouco conosco.

Tudo corria bem até que, um dia, notei que o sol já havia saído e Rosália não saíra de sua barraca nem para ver como estava Mirtes.

Fui verificar o que estava acontecendo com ela. Cheguei a sua barraca um pouco sem graça, pois não ouvi o costumeiro cumprimento dado por ela, sempre que nos aproximávamos. "Seja bem-vinda amiga, achegue-se mais."

Mesmo assim, aproximei-me e entrei.

Rosália estava ajoelhada no chão, rezando e implorando a Deus por misericórdia para nosso povo. Fiquei bastante surpresa e preocupada com o que estava vendo. Permaneci parada, observando-a por mais alguns instantes, até que senti que ela estava mesmo conversando com Deus e que não notara a minha presença, tão concentrada estava, e, por isso, não quis interrompê-la.

Saí bem devagarinho e fui me distanciando de sua barraca, indo diretamente para a minha. Eu sentia uma tristeza muito grande e muita preocupação, pois Rosália só ficava assim quando algo grave estava por acontecer. Nunca me abalara tanto com sua preocupação, mas, dessa vez, era diferente. Não quis ficar pensando e, balançando a minha cabeça, eu também comecei a orar a Deus para que nos protegesse, pois a preocupação de Rosália me contagiou, só não sabia por quê.

Passados alguns dias, finalmente pude sentir que minha amiga voltara ao seu estado normal e estava mais alegre. Isso me deixou muito feliz. Com cautela, aproximei-me dela e tomei um susto ao ouvi-la dizer:

– Não se acanhe, minha amiga, achegue-se mais e vamos conversar.

Olhei-a nos olhos e não foi preciso perguntar nada, pois ela me disse:

– Sim, amiga, estou por demais preocupada. Sinto algo estranho no ar, como a presença da desgraça em nosso meio. Sinto algo nos rondando e que há muito está nos seguindo, mas desta vez é muito forte, cheira mal, me arrepia e não consigo ainda saber o que é. Por isso você me viu orando a Deus e à nossa Protetora para nos proteger e me mostrar o que pode ser tão grave que nos fará sofrer, para que eu possa tentar impedir. Acredito na misericórdia de Deus, que tudo vê, e Ele há de me mostrar o perigo para que tenhamos tempo de evitá-lo. Vejo lágrimas, vejo olhos tristes, e isso não me agrada. Tenho tido noites maldormidas.

Outra noite, ouvi um barulho vindo da tenda de Caio e Sheila. Não me assustei, mas não gostei do que senti. Verifiquei que nada aconteceu e que tudo estava tranquilo. O barulho pode ter sido provocado por qualquer animal do acampamento. Mas, com tudo isso, tenho acordado assustada, e com o coração acelerado, batendo forte, com uma tristeza muito grande. Foi por isso que rezei e entreguei a Deus e à nossa Protetora toda sorte de nossa gente. Mais tarde, ou amanhã, convocarei Caio para uma conversa e, se for preciso, faremos um ritual de magia para sabermos do que se trata, se for esta a vontade de Deus... Caio me ajudará, com suas feitiçarias, a descobrir o que está me preocupando e então tomaremos providências. Conto com você também, amiga. Bem... agora, que acabei de almoçar, vou tirar um pequeno cochilo e depois trabalhar, pois tenho algumas encomendas para entregar. Até mais tarde.

Ela se afastou, mas pude sentir que não estava bem. Seu jeito despreocupado, forte, calmo e sereno não estava presente. Ela passava preocupação e muita ansiedade. Talvez porque queria saber o que estava por acontecer e não conseguia, por mais que se esforçasse, tanto que até mesmo disse que pediria ajuda a Caio.

XIII

O Susto

A noite chegou. Todos estavam alegres dançando e cantando. O pessoal do lugar, muito simpático conosco, nos rodeava para assistir às jovens ciganas dançarem. Já estávamos nesse acampamento havia bastante tempo, pois nos sentíamos muito bem, mesmo com tudo de desagradável que lá aconteceu. Caio tocava seu violino e todos dançavam quando, de repente, sentiu-se mal e foi logo socorrido por nós.

Sheila imediatamente se abraçou a seu esposo, a qual estava trêmulo e suava frio demais. Assim que recobrou os sentidos e sentiu sua esposa próximo dele, abraçou-se a ela com tanta força que parecia querer colocá-la dentro dele para protegê-la. Notei que Rosália empalideceu com o acontecimento. Ela se afastou deixando-nos cuidar de Caio, que foi levado por mim e por Sheila para sua barraca.

Caio mandou chamar Rosália, que alguns minutos depois atendeu a seu chamado. Eles deram-se as mãos, fecharam os olhos, abaixaram as cabeças, e após alguns minutos olharam-se nos olhos por longo tempo, sem nada dizer. Combinaram reunir-se dali a dois dias, com alguns ciganos do acampamento, para ser feito um trabalho de magia e ver o que estava acontecendo, pois algo ruim rondava nossa gente.

Rosália tomou todas as providências para que tudo fosse feito sem que ninguém se preocupasse. Tudo foi preparado e uma grande fogueira foi feita para que Caio pudesse trabalhar com as chamas, as quais poderiam ajudá-lo. Ela colocou uma bacia de cobre em cima de um lenço muito grande de cor branca, e dentro dessa bacia uma taça com água. Rodeou tudo com várias ervas colhidas por ela mesma.

Começamos com orações e cantigas. Com muita fé, imploramos a Deus a sua presença para cada um de nós. Caio dançava em volta da fogueira e com seu punhal fez um círculo em volta dela para fazer a magia. Suas perguntas foram feitas e a cada instante pude sentir que, dessa vez, as chamas não revelavam respostas positivas, colocando Caio com ar de quem queria lutar até a morte, se fosse preciso, para salvar sua gente.

Rosália estava também bastante concentrada com suas magias. Suas rezas eram fortes. Suas cantigas eram um tanto tristes. De repente, a taça espatifou-se em vários pedaços, e isso pôde confirmar que algo estava por acontecer.

Resolvemos partir daquele lugar, pois ele poderia nos trazer uma desgraça. Caio, dessa vez, apagou a fogueira com água de chuva pedindo que fosse cortado todo mal que rodeava nosso acampamento e que a grande mãe Lua nos iluminasse.

Rezamos juntos. Sheila se achegou a nós pela primeira vez e disse:

– Tenhamos todos muita fé em Deus e em nossa Protetora. Nada acontecerá conosco, pois somos protegidos. Agora tenho algo a dizer que aprendi com minha mãe aqui presente: do destino ninguém escapa e, se tivermos que passar por alguma dificuldade, passaremos com dignidade e sem nos queixar, pois assim sairemos todos vitoriosos. Ajudaremos uns aos outros e a vida continuará. Se resolverem que temos que partir, partiremos, mas temos, neste lugar, compromissos ainda a serem cumpridos e devemos cumpri-los todos. Depois, sim, poderemos seguir.

Naquela noite fomos todos dormir mais cedo para descansar, pois ficou combinado que ficaríamos mais dois dias e depois levantaríamos nosso acampamento, após cumprir com nossas obrigações com o povo do lugar, que tanto nos prestigiou. Lá havíamos ganhado muitas moedas e éramos respeitados e amados por todos.

No dia seguinte, todos se levantaram cedo e, sempre alegres, cada um cuidou de seus afazeres. Estavam todos tranquilos. Era uma bela manhã de sol. Tarefas foram distribuídas para que tudo fosse feito sem alarde, sem que chamassem a atenção de nossos amigos não ciganos, pois sabíamos que iriam ficar tristes com nossa ausência. Naquele lugar não havia nenhum divertimento, e, enquanto estivemos ali, tudo foi alegria e todos se divertiram com nossas canções e nossas danças. Todas as noites eram de festa para todos do lugar.

Caio pediu a Sheila que não se ausentasse do acampamento, mas ela lhe disse que teria de aproveitar as águas daquele lugar para deixar suas roupas e de sua família limpas para a nossa viagem. Ele quis dizer mais alguma coisa, mas ela lhe beijou os lábios impedindo-o de falar. Depois foi para sua barraca banhar a filha enquanto Caio preparava os tachos de puro cobre para serem entregues a um fazendeiro do lugar. Jeremias, sempre ao seu lado, ajudava-o e era muito competente, sério, calado e muito trabalhador.

Sheila me trouxe Mirtes, perfumada e trajando um belo vestido cor-de-rosa e azul com minúsculas flores brancas. Tinha nos pés um sapatinho branco com laço rosa e parecia uma boneca. Sheila a colocou em meus braços e disse:

– Tome, mãezinha, ela é toda sua. Ela é a razão de minha vida, assim como sempre disse que sou da sua. Tome conta dela direitinho. Vou até as águas lavar nossas roupas e colocá-las para secar a tempo e ensacá-las para a viagem. Tem algumas peças que eu possa lavar para a senhora, mãezinha?

Eu lhe respondi que não e lhe falei que fosse com as outras ciganas que se encaminhavam para lá. Sheila me abraçou, beijou sua filha e me pediu que dissesse a Caio que ele era o seu céu e que as duas, ela e Mirtes, eram suas estrelas.

Ela saiu toda sorridente e feliz, pegou sua trouxa de roupa e, acompanhada por suas amigas, lá se foi. Senti uma coisa estranha quando a vi pelas costas já bem ao longe, quando se virou e nos acenou. Bateu-me uma sensação estranha, como se fosse a última vez que a veria. Logo, balancei a cabeça e brincando com Mirtes falei:

– Vovó está pensando coisa triste, mas nada de mal vai acontecer, tenho certeza.

Mirtes chorou. Caio se aproximou e brincou com ela sorrindo, mostrando ser o pai mais feliz do mundo. De repente, ficou sério e perguntou com voz alta e descontrolada:

– Onde está Sheila?

– Foi até as águas lavar as roupas para a nossa viagem – respondi.

– Nããão! – gritou ele. – Ela não pode ir às águas, não pode.

Ele saiu desesperado atrás da esposa, como um relâmpago.

Sheila estava lá, já terminando de lavar suas roupas. Algumas ciganas já haviam voltado e só haviam ficado duas com Sheila, a cigana Rosa e a cigana Madalena. Quando Caio avistou a esposa, sentiu-se aliviado, mas mesmo assim não pôde deixar de sentir um calafrio. Correu e abraçou Sheila, que estava tranquila às margens das águas daquela bela cachoeira. Ele a ajudou a terminar mais rápido. De repente, Madalena gritou por Rosa e não obteve resposta. Perguntou a Sheila se Rosa tinha ido embora e ficou sabendo que ela só voltaria após lavar seus longos cabelos. Ficaram assustados. Não viam Rosa em nenhum lugar e saíram a procurá-la.

Acharam-na caída lá embaixo. Sua cabeça sangrava e estava desacordada. Caio a pegou nos braços e correu para o acampamento. Levou-a direto para o grande carroção, pois lá havia o necessário para fazê-la recobrar os sentidos.

Após alguns minutos ela abriu os olhos e contou que alguém lhe tapara a boca por trás quando lavava os cabelos e não deu para ver quem cometeu aquela covardia. Sua cabeça sangrava, parecia ter levado uma pedrada, mas, infelizmente, Rosa de nada se lembrava.

Ao saber do acontecido, Madalena contou que ouviu um barulho por trás das árvores, na cachoeira, assustou-se, mas, como não viu nada, não comentou com suas companheiras.

Sheila estava um pouco assustada, mas se comportava com naturalidade e já estava preparando suas coisas para a viagem.

Rosa ainda ficou no carroção por mais algum tempo; depois foi para a sua barraca sentindo-se bem melhor, embora estivesse ainda bastante assustada e nervosa.

Rosália, ao visitá-la, falou:

– Deus é misericordioso, poderia ter sido pior. Que Ele e nossa Protetora nos cubram com seu manto, livrando-nos dos males e de espíritos traiçoeiros.

A noite chegou. Tudo estava bem. Caio estava meio estranho, preocupado, bastante ansioso. Chamou Jeremias, que veio atendê-lo devagar, o que não era seu costume, pois sempre brincava com Caio dizendo: "Pois não, senhor, aqui estou para cumprir suas ordens".

Dessa vez, Jeremias veio devagar e seus olhos derramavam lágrimas. Sua cabeça estava baixa e percebemos que ele soluçava.

Caio gritou:

– O que foi, homem de Deus, por que choras? Fale, por favor.

Jeremias então falou:

– A cabra, Caio, a cabra.

– O que tem a cabra? – perguntou Caio. – Fale direito, Jeremias. Responda, homem de Deus!

Ele respondeu:

– Está morta! Alguém lhe cravou um punhal e ainda o deixou na pobrezinha.

Caio saiu correndo e voltou com o animalzinho nos braços. Ela estava morta. Alguém muito ruim a matara com punhaladas e deixara o punhal no corpo da bichinha. Sheila desmaiou com o que viu.

É, não havia mais o que fazer. Teríamos mesmo que levantar acampamento, pois o destino nos avisava que ali não mais teríamos felicidade.

Caio pediu que arrumassem tudo e que ninguém dormisse. Levantaríamos nosso acampamento na madrugada, mas todos deveriam ficar vigilantes, pois quem praticou aquela covardia com Rosa e com a cabra poderia estar ali por perto. Pensamos até que poderia ter sido algum daqueles homens mal-encarados que encontramos na estrada, mas não tínhamos certeza e, por via das dúvidas, todos estavam prontos e armados para defender nossa gente.

XV

O Armazém

    Ficamos acordados e atentos naquela noite que parecia nunca chegar ao fim. Graças a Deus, a manhã chegou e, ainda escuro, partimos.
    A menina Diana estava vigilante, pois pressentira que partiríamos, e de longe nos acenou com um belo sorriso nos lábios. Pude sentir que ela estava triste com nossa partida, mas, ao mesmo tempo, estava feliz por ter vivido conosco momentos de encantos e alegrias. Ela guardaria para sempre em seu coração, jovem e cheio de amor, as lembranças vividas junto ao nosso povo. Em meu íntimo, pensei: "Que Deus te abençoe, menina Diana, tu serás feliz!".
    Pegamos a estrada. Viajamos por longas horas. Paramos para nos alimentar e aos animais, e aproveitamos para descansar um pouco antes de continuar nossa caminhada.
    A noite chegou. A estrada formava um quadro lindo, uma reta que parecia não acabar. Nossas carroças seguiam uma atrás da outra, uma dando força para a outra. Representavam a união de nosso povo. O céu estava bonito e firme, sem sinal de chuva, e isso era bom, pois viajar com chuva em determinadas estradas era ruim e desconfortável.
    Viajamos a noite toda, e pela madrugada resolvemos parar para descansar mais um pouco. Paramos em um lugarejo onde havia pessoas muito esquisitas, estranhas. Quando lá chegamos,

sentimos que todos se escondiam de nós. Alguns armazéns do lugar nem abriram as portas. Pensei: "Interessante, saímos de um lugar onde as pessoas eram simpáticas e amáveis conosco, e aqui todos fogem de nós".

Eu me sentia mal por sermos tão discriminados, pois todos somos criaturas de Deus e perante Ele somos iguais. Não existem diferenças.

Procurei me acalmar porque sabia que não ficaríamos ali. Só paramos para descansar e logo seguiríamos viagem em nome de Deus e de nossa Protetora.

Estávamos loucos por um banho, mas teríamos de nos contentar em lavar o rosto, e estava de bom tamanho, porque precisávamos usar a água de nosso reservatório que estava destinada para nossa alimentação e para matar a sede.

Por perto não havia nenhum riacho e ficaria um pouco difícil arrumar água para nos banharmos, principalmente por ser aquele povo tão estranho que não chegava perto de nós nem por curiosidade. Felizmente, aquilo não nos aborrecia, pois isso já nos acontecera tantas vezes que uma mais não faria diferença. Seguiríamos nossa vida e pronto.

Fizemos uma fogueira, assamos carne e algumas castanhas que seriam o nosso alimento. Tomamos um bom vinho e nos descontraímos um pouco com as canções de Caio e com as ciganas dançando.

Rosália veio conversar um pouco comigo, trazendo em seus braços a minha neta, Mirtes, que sorria a todo instante. Muito bom ser criança, pois criança não se preocupa com nada, não está nem aí para os acontecimentos da vida, e acho que é por isso que anda sempre sorrindo. Benditas sejam elas, pois não existe nada mais puro que a sua inocência e sorriso. Rosália se aproximou de mim, e Mirtes logo estendeu os bracinhos para que eu a segurasse.

Confesso que fiquei muito feliz com aquele gesto de minha neta. Rosália também até parecia ser avó dela. Um dia, ela me perguntou se poderia ter a liberdade de chamá-la de neta, pois considerava Sheila como sua sobrinha e se orgulhava muito dela. Deixei, mas confesso que tinha uma pontinha de ciúmes. Ela era tão carinhosa com Mirtes que seria injustiça se eu lhe negasse o direito de avó. Afinal, ter duas avós seria o ideal. Caio havia perdido seus pais em um acidente com uma de nossas carroças que despencara em um abismo. Nunca mais os vimos pois não foi possível resgatar os corpos, o precipício era muito grande e profundo.

Caio ainda era pequeno e não sofrera muito. Ele ficou sob os cuidados de Rosália e todos sempre cuidavam das crianças. Na tarde do acidente, Rosália pedira aos pais de Caio para ele viajar em sua carroça. Se, naquele dia fatídico, ela não estivesse com ele em sua carroça, provavelmente Caio também teria morrido. Mas o destino existe e a intuição também. Ele hoje está vivo entre nós porque assim Deus quis. Rosália foi apenas o instrumento para salvar aquela criança, que cresceu, virou um belo rapaz, e hoje nos dá alegria e satisfação.

Acho até que Rosália tem mesmo direito de ser avó de Mirtes. Afinal, ela era quase mãe de Caio e eu não poderia tirar-lhe a felicidade de dividirmos nossa neta, um pouquinho para cada uma.

Ficamos naquele lugar por algum tempo e ninguém nos visitou. Teríamos seguido logo viagem se, ao nos prepararmos para partir, não tivéssemos percebido um problema sério nas rodas do grande carroção.

E agora? O pessoal daquele lugar vivia fugindo de nós. Os armazéns, as vendas, todos fechados, ninguém para nos atender, como fazer?

– É... – disse Caio. – Vamos bater às portas desses estabelecimentos até que alguém nos atenda porque não poderemos continuar nossa viagem com o grande carroção desse jeito. As rodas estão presas. Precisamos lubrificá-las e arrumar o que está quebrado. – Vamos lá, Jeremias, vamos esmurrar aquele armazém até que nos venham atender.

Os dois lá se foram. Ficamos de longe a observá-los gritando e socando com os punhos as enormes portas de madeira. De repente surgiu um homem alto, branco, com algumas manchas nas mãos, saindo de um dos lados do armazém que estava fechado. Veio atender Caio e Jeremias, dizendo:

— O que querem conosco? Deixem-nos em paz. Não nos perturbem, por favor.

Ele já se ia retirando quando Caio falou:

— Senhor, não viemos roubar nem pedir nada. Viemos comprar óleo para lubrificar as rodas de nossas carroças que estão presas, e uma peça que fica no grande carroção e que está gasta pelo tempo. Não poderemos seguir viagem desse jeito. Por favor, ajude-nos, não somos criaturas de confusão; muito pelo contrário, somos da paz, da alegria, do amor, da união, e trazemos em nossa bagagem somente a felicidade. Mesmo sabendo que somos os andarilhos das estradas, tenha a certeza de que somos felizes e honestos. O senhor não precisa ficar nervoso nem preocupado. Temos moedas para pagar o que comprarmos e o bastante para termos o que quisermos e que for necessário para nosso povo.

Mesmo assim, o homem disse:

— Por favor, retirem-se da porta de meu armazém e não voltem nunca mais!

Caio respondeu:

— Olhe, só vamos nos retirar daqui depois que o senhor nos atender, caso contrário vamos perturbá-lo e a todos que o cercam. Por favor, senhor, atenda-nos!

O homem olhou firme nos olhos de Caio e de Jeremias e disse:

— Está bem, mas saibam que tenho armas, e se for preciso eu as usarei.

Caio, notando que o homem tinha bom coração e que só estava com medo, respondeu com um tom meio debochado:

— Muito bem, senhor, estamos iguais, pois eu também tenho armas. Veja em minha cintura dois punhais que, se preciso, sujo de sangue desde que seja para defender os meus. Tenho essa linda garrucha que me deram para lutar em defesa de meu povo. Estamos todos armados, portanto fiquemos tranquilos, sem preocupação. Estamos preparados para lutar.

Fez-se silêncio entre ambos e Caio voltou a dizer:
– Então, vai nos atender? Ou teremos que insistir mais uma vez?

O homem os olhou de cima a baixo e depois de alguns instantes falou:
– Espero que, depois de atendê-los, se afastem de nossas terras!

Caio, inclinando-se para o homem, respondeu:
– Perfeitamente, meu senhor, perfeitamente!

O comerciante, então, abriu as portas pela metade e eles entraram no armazém, tendo que curvar o corpo para não bater com a cabeça na porta. Pouco depois, após comprarem tudo o que precisavam e mais alguns utensílios, eles saíram, carregados de mercadorias.

O mais interessante é que o homem, ao fechar as portas, já mais simpático, falou:
– Agradecido, ciganos, tenham uma boa viagem e que Deus e Jesus os protejam. Se lembrarem de algo mais em que eu possa servi-los, podem me chamar que eu os atenderei de bom grado. Vão com Deus e a Virgem Maria, mãe do Cristo Jesus.

Caio, então, respondeu:
– Ele está sempre conosco, senhor, e é por isso que somos felizes. Adeus.

E se afastaram com um sorriso de satisfação.

Caio e Jeremias cuidaram de tudo e, após algumas horas de trabalho, revisaram as nossas carroças e seguimos viagem. Na hora em que estávamos saindo, as janelas se abriram, e até o dono do armazém abriu as portas. Dessa vez, todos acenaram para nós, ou melhor, para Caio e Jeremias, que sorriam com ar de satisfação e deboche.

XVI

A Chegada à Fazenda

Carroças na estrada. Nossa vida é assim. Não nos prendemos a nenhum lugar. Somos livres, não temos morada certa. Gostamos de caminhar e de andar pelas estradas. Que Deus e nossa Protetora nos acompanhem, protegendo-nos dos males que porventura possam prejudicar-nos.

Nessa nossa viagem, novamente uma de nossas ciganas estava perto de ter uma criança. A viagem teria que ser tranquila para tudo dar certo e para que Virgínia conseguisse ter seu bebê com tranquilidade em nosso próximo acampamento.

Andamos mais uns dois dias até que chegamos a uma cidade muito povoada. Gente muito alegre habitava ali. O céu estava bonito e já eram quase três horas da tarde quando chegamos. Caio preferiu procurar um lugar mais afastado para que ficássemos mais à vontade e sem muito contato com o povo do lugar.

Andamos mais um pouco e avistamos uma linda fazenda num lugar plano, cheio de grama verde, que muito nos alegrou. Achamos que ali seria impossível ficar, mas Caio, muito determinado, fez contato com o dono do lugar, que nos atendeu muito bem. Coisas do próprio destino.

Ele, o dono da fazenda, contou que fora criado por ciganos e que, após seu casamento, resolveu deixar a vida nômade, passando a morar com sua esposa na fazenda, onde vivia há

18 anos. Tinham lindos filhos: Dayana e Daniel, duas lindas e simpáticas crianças de 12 e 15 anos. Os donos da fazenda, Sr. Afonso e Sra. Leonora, nos receberam muito bem.

Pela conversa com Caio, eles perceberam que éramos muito educados e que queríamos apenas um lugar tranquilo onde pudéssemos descansar, ficar um pouco, até levantarmos acampamento novamente.

O Sr. Afonso era muito simpático e logo perguntou se teríamos festa logo à noite. Ele estava com saudades de seu povo, pois se considerava meio cigano. Disse-nos, ainda, que esse foi o presente mais importante que Deus poderia ter dado a ele e à sua família. Com voz firme e forte gritou:

– Sejam bem-vindos, sejam felizes, e que Deus os proteja neste lugar que para mim é muito iluminado. Aqui é o meu céu, o meu mundo, e pode ser tudo isso para vocês também. Podem ficar à vontade. Temos vacas leiteiras, porcos e muita caça, sem falar de um rio que corre um pouco distante daqui e que está cheio de peixes, prontos para serem fisgados e assados para comermos juntos.

– E, apontando para um lado, avisou: – Daquele lado há uma mina, que poderão usar para suas necessidades. Fiquem à vontade e sejam bem-vindos, pois se hoje sou o que sou, agradeço primeiro a Deus, à nossa Protetora, e depois ao povo cigano que me criou e me fez crescer forte e de bom coração. Considero-me um verdadeiro cigano como qualquer um de vocês. Tudo isso é meu, mas, quando eu me for dessa vida, garanto a vocês que nada levarei; portanto, acampem e sejam felizes, sem data de partida. Se precisarem de alguma coisa é só pedir que aqui estarei para atendê-los. Com licença, fiquem à vontade e que o grande Deus e nossa Protetora protejam a todos neste nosso reencontro.

E, assim, o Sr. Afonso se afastou, deixando-nos bem à vontade e felizes. Todos nos pusemos a trabalhar e pouco depois já estávamos com nossas barracas de pesadas lonas armadas. Estávamos bem, porém muito cansados. A noite chegou e resolvemos nos recolher logo após o jantar, procurando o caminho de um bom sono.

O dia raiou, trazendo um lindo sol acompanhado do cantar de vários pássaros. Em poucos instantes, estávamos tomando o sol da manhã, que nos fazia muito bem. Virgínia entrou em trabalho de parto. Eu e Rosália cuidamos dela e foi tudo muito bem. Nasceu um belo menino para quem pedimos a Deus uma boa sorte. Foi logo batizado e recebeu o nome de Ruam.

A tarde se fez e recebemos a visita do Sr. Afonso acompanhado de sua esposa, muito simpática. Ela era alta e usava longas tranças, uma de cada lado, com um bonito laço de fita nas pontas. Sr. Afonso veio dar as boas-vindas a Ruam, que acabara de nascer, e deu-lhe de presente quatro moedas de ouro. A Srª Leonora trouxe uma linda toalha perfumada da cor azul-claro. Foi servido a eles dois um bom vinho e com muita descontração conversamos até quase a noite chegar.

Ele nos deixou bastante satisfeitos quando falou que ali iríamos ganhar muito dinheiro, pois, no centro da cidade, muitos ciganos costumavam, quando lá acampavam, dançar na praça pública e todos compareciam para apreciar as danças. Se quiséssemos, ele nos daria total ajuda para também dançarmos e ganharmos nossas moedas. Isso muito alegrou nossas ciganas, e deixou Sheila entusiasmada, pois ela adorava dançar, e era por meio da dança que vinha a sua ajuda e contribuição para a família.

A noite chegou e fizemos uma bela festa para comemorar a chegada àquele lugar, onde fomos recebidos como reis e rainhas. Fizemos nossa fogueira e dançamos em volta dela até não aguentar mais, pois estávamos felizes, tranquilos e despreocupados. Aquele lugar parecia um paraíso.

O Sr. Afonso veio estar conosco. Ele veio vestido a caráter, como nós nos vestíamos desde há muito tempo. Não ficou um minuto sequer parado. Dançou com todas as ciganas do acampamento como se fosse um verdadeiro cigano. A esposa o assistia com muito orgulho. Comemos, dançamos e bebemos muito naquela noite. Depois, um pouco cansado e com a respiração ofegante, disse-nos:

– Permitem-me convidar amigos para nos assistir na próxima noite de festa? Eles com certeza trarão moedas para ajudar no sustento de suas famílias. Vocês me permitem trazê-los?

Respondemos que sim, que seria uma honra para nós, é claro!

Ele se despediu de nós e se foi, feliz da vida, abraçado à sua esposa, também muito satisfeita. Ela era muito bonita e aquela noite estava ainda mais.

Ficamos a sós e Sheila, muito feliz, aproximou-se de mim e de Rosália, e com alegria nos disse:

– Sinto-me muito feliz, mas tenho a impressão de estar sendo vigiada todo o tempo. Às vezes, sinto que alguém está perto e quando olho não vejo nada.

Rosália olhou firme para mim. Assustamo-nos com o comentário de Sheila. Depois que ela se foi, conversamos um pouco sobre o assunto.

Rosália, parecendo assustada e muito nervosa, falou:

– Temos que andar em grupo, e não devemos deixar ninguém sair daqui sozinho. Esta terá que ser uma ordem que deve ser respeitada, pois noto que estamos sendo seguidos já há bastante tempo e devemos ficar alertas.

Fiquei preocupada e disse a Sheila que não se afastasse de maneira nenhuma sem estar na companhia de algumas das ciganas do acampamento. A mina d'água era um pouco distante, o rio era mais longe ainda e não seria necessário usá-lo, pois tínhamos água suficiente para nossas necessidades. Também, quando fôssemos à cidade, deveríamos ir todos juntos. Assim, não correríamos risco de ser atacados. Interessante que eu não conseguia esquecer o acontecido na estrada com aqueles homens horrorosos que nos seguiram uma vez. Ficou tudo muito marcado na minha memória. Depois de tudo resolvido, fomos para nossas barracas dormir e descansar.

A manhã chegou bastante ensolarada e todos estavam muito bem. Era um belo dia de sábado. O Sr. Afonso apareceu já bem cedo, para nos presentear com verduras e legumes fresquinhos que ele mesmo acabara de colher. Bastante orgulhoso entregou-os a nós dizendo:

– Bom dia, meus irmãos, espero que tenham descansado bastante, pois venho convidá-los para visitar a parte central de nossa cidade e mostrar para o povo deste lugar as danças e a alegria cigana, pois, apesar do trabalho do dia a dia, precisamos nos divertir um pouco para esquecermos os problemas, não é mesmo? Não estou falando de mim, pois graças a Deus sou um cidadão feliz sem nada para reclamar; falo do povo desta cidade, pois aqui não há divertimento, e todos ficaram muito satisfeitos com sua presença. Por isso, venho fazer, a todos, o convite para esta noite dançarmos na praça. Estamos combinados?

Concordamos, é claro. Moedas chegariam a nossas mãos e precisávamos delas para a nossa manutenção.

As ciganas ficaram muito animadas. Dançaríamos em praça pública? Novidade! Nem todo lugar é assim tão aberto!

Após o Sr. Afonso afastar-se, Caio, muito observador, disse-nos:

– Ele parece mais um cigano do que um cidadão comum do lugar. Sinto-me como se fosse irmão dele. Tem um coração muito grande e é muito amável. Eu o ouvi falando com um dos seus empregados e acariciando um de seus filhos. Ele fala com seus subordinados como se estivesse conversando com um grande amigo. Todos os seus servidores trabalham com satisfação e cantando. Ele trata muito bem a todos e por isso deve ser muito feliz. Acho que quem espalha amor só colhe amor, e que Deus o abençoe. Esperemos que a tarde chegue para irmos então trabalhar à noite para ganhar moedas para nosso sustento e conforto. Que todos estejam muito bem alinhados.

Fomos até a mina para lavar nossos utensílios e nossas roupas, e aproveitamos para pegar um pouco de água, que levamos para nosso acampamento.

Voltamos felizes, pois nos divertimos muito com as brincadeiras nas águas limpas e tranquilas da fonte daquele lugar que parecia mais um paraíso do que este plano terra.

Fizemos nossas comidas, cantamos, divertimo-nos bastante e fomos descansar um pouco para estarmos bem dispostos para a noite, que prometia ser muito boa e divertida.

A tarde se fez e tratamos de nos arrumar e ficar elegantes para nos apresentarmos, com o Sr. Afonso, ao pessoal do lugar.

XVII

O Medalhão

Caio estava muito bonito. Vestido com calças pretas, camisa de seda branca, botas pretas de couro, lenço e faixa na cintura da cor vermelha, onde segurava seus punhais que brilhavam, como sempre, pois ele era um homem muito caprichoso.

Sheila o acompanhava com seu lindo vestido colorido, com um belo decote que acentuava a beleza de seu lindo corpo. Seus cabelos negros e soltos lhe cobriam os ombros. Seu xale amarrado à cintura dava-lhe ainda mais beleza e elegância. Todos estávamos muito bem e muito felizes.

Fomos até a praça da cidade acompanhados pelo Sr. Afonso, sua esposa e seus filhos. Ele estava muito orgulhoso de nossa gente. Contara para todos do lugar que éramos seus parentes. Pelo de seu sorriso, podíamos constatar a sua satisfação de estar conosco.

Por esse gesto de carinho com nosso povo, eu estava cada vez mais encantada com a grande personalidade daquele senhor que nos tratou como se fosse mesmo um grande e maravilhoso irmão cigano. Ele era como nossa Sheila, o sangue não corria nas veias, mas sustentava o coração fazendo-os viver como verdadeiros ciganos.

Depois de tudo organizado, avisamos o Sr. Afonso, que prontamente se apresentou a nós, e o acompanhamos. Foi lindo!

Ele nos disse que teríamos uma grande e bela surpresa, e por isso eu estava ficando curiosa. O lugar era um pouco distante, mas foi maravilhosa a nossa caminhada até lá.

Quando chegamos, emocionamo-nos muito. O Sr. Afonso armara, em plena praça, a sua grande carroça cigana para nos presentear, mostrando assim a sua grande presença junto ao nosso povo. Ele fez tudo para que fosse realmente perfeito e pudesse nos agradar. Mandou assar carne, castanhas, preparou um barril de vinho para servir a nós e ao pessoal do lugar, que aguardava impaciente a nossa chegada para dançar. Tudo estava perfeito, a noite estava linda, com o céu coberto de estrelas. A carroça estava toda enfeitada com fitas coloridas, flores, e uma bela cortina impedia que víssemos o que estava dentro dela.

O Sr. Afonso falou algo em segredo para Sheila que, após falar ao ouvido de Caio, foi, acompanhada pelo Sr. Afonso, até a carroça, subindo pelos degraus até o seu interior. Pouco depois, ele saiu sozinho, deixando Sheila lá sob o olhar de seu esposo, que já sabia de tudo.

Caio começou a tocar seu violino, e todos ficaram parados ouvindo suas canções. De repente, ele tocou bem devagarinho e ouviu-se o barulho de pés sapateando que, percebia-se, vinha da carroça. Era Sheila. Abriu-se a cortina que cobria a entrada da carroça e lá estava ela, de costas, dançando, marcando o compasso da música, batendo forte com os pés no chão. Ela dançava com o olhar sério, firme, forte. Só conseguia olhá-la nos olhos quem realmente tivesse o coração limpo, pois ela trazia no seu olhar a cobrança da dignidade, da lealdade e ao mesmo tempo a sensualidade do amor e do mistério. Nunca havia presenciado Sheila dançar tanto quanto naquela noite. Ela dançava lá, em cima da carroça que havia sido preparada só para a dança. De cada lado havia duas grandes tochas que davam um visual muito grande à minha menina, que, além de linda, trazia nos lábios o mais belo sorriso que uma mulher poderia ter. Caio tocou mais forte uma canção, e Sheila desceu as escadas da carroça e dançou no meio do povo, que assistia a tudo sem quase respirar, tão lindo era o espetáculo. Depois de alguns instantes, ela voltou e só ouviu, então, o barulho das moedas que caíam no chão da carroça. Foram muitas as moedas que Sheila ganhou naquela noite. Ela estava suando e isso fazia com que seu corpo brilhasse no refletir da claridade das tochas. Depois, as outras ciganas de nossa tribo acompanharam Sheila no grande espetáculo.

O Sr. Afonso, muito emocionado, a tudo assistia, e depois de um longo tempo após a apresentação de nossas ciganas e ciganos, enquanto todos se deliciavam com as comidas e bebidas que eram servidas com grande fartura, ele subiu ao alto da carroça e disse a quem ali estava assistindo à festa, com grande entusiasmo:

– Meus amigos, nunca escondi que eu, Afonso de Riena, fui criado e educado por esse povo, e por isso sinto-me como se fosse um verdadeiro cigano. Sempre tive orgulho por ter sido adotado por pais ciganos, mas assim que me apaixonei e me casei com a linda mulher que aprendi a amar e amo ainda mais a cada dia, passei a viver com pessoas iguais a vocês, mas nunca deixei de ser cigano. Muito bem! Hoje vou mostrar a todos que não carrego nas veias o sangue cigano, mas o carrego no coração e na alma. Vou mostrar e demonstrar o meu amor pelo meu povo através da dança. Convido para dançar comigo a cigana Sheila.

O Sr. Afonso, que era um homem alto, forte, moreno, estava vestido com calças pretas e camisa vermelha com uma estampa muito bonita, botas pretas de couro verdadeiro, e no pescoço trazia uma medalha que lhe fora dada pelo cigano que o criara.

Quando vi aquela medalha no seu pescoço, pude observar que ela me era conhecida. Tive uma sensação estranha, mas fiquei quieta, deixando para ver de perto, depois da festa, a medalha que me parecia familiar. Na cabeça, ele trazia um lenço liso da cor vermelha, enfeitado com várias moedas douradas que brilhavam à luz das tochas, e usava também uma bela argola de ouro na orelha esquerda.

Ele deu a volta até os fundos da carroça a passos lentos e pesados e de lá começou a sapatear, marcando forte. Caio, observando, esperava sinal para começar a tocar, acompanhando o compasso marcado pelas batidas das botas no solo daquele grande carroção que era do próprio Sr. Afonso.

Sheila se colocou no primeiro degrau da escada esperando o sinal para subir e acompanhá-lo na dança. Ele continuou a dançar, batendo forte suas botas que marcavam a canção que Caio tocava. De repente, já bastante suado, tanto que, ao dançar, espalhava o suor a seu redor, quando balançava forte sua cabeça com seus longos cabelos encaracolados que nesse dia deixara soltos, ele fez um sinal para Sheila, que subiu os degraus suavemente, bem devagarinho, degrau por degrau, marcado pelo compasso das botas do Sr. Afonso, que esperava por ela no fundo da carroça, de costas. Ela chegou até ele, tocou seu ombro, e ele, bruscamente, se voltou, passando a mão pela sua cintura. Os dois deram uma demonstração de amor e de carinho pelo meu povo, dançando como se ambos fossem ciganos de sangue, e o eram, mas pela alma e pelo coração que os comandavam a cada passo que davam por meio da música que Caio tocava.

Tudo foi lindo demais e nunca esqueceremos esse lugar em que ficamos acampados por longo tempo, talvez o maior de toda minha vida. Éramos tratados com carinho e respeito por todo o povo daquela pequena cidade. Um lugarejo que mais parecia habitado por ciganos, pois todos eram totalmente simpáticos com todos nós. Tenho a impressão de que o Sr. Afonso, por ser o "manda-chuva" do lugar e por ter sido criado pelo meu povo, conquistou com o seu carisma a confiança daquela gente, agindo como um verdadeiro cigano e sendo respeitado como se realmente o fosse.

Já era quase manhã e todos ainda estavam bastante animados, assistindo a tudo sem se cansarem, quando resolvemos partir para o nosso acampamento juntamente com o Sr. Afonso e sua esposa, que dessa vez nos acompanharam dentro de sua própria carroça, levada por um lindo animal que, segundo ele, era de raça pura, chamado Raio de Sol e que era muito bem tratado.

Chegamos a nosso acampamento cansados, mas muito felizes. Sheila dividira as moedas entre todas as ciganas, que alegremente as guardaram em suas sacolas e que, certamente, iriam fazer belas e boas compras nas vendas da cidade.

Fui descansar, mas não conseguia esquecer o grande medalhão pendurado por uma grossa corrente de ouro, no pescoço do Sr. Afonso. Prometi a mim mesma que, assim que acordasse e tivesse uma oportunidade, iria conversar com ele para verificar se, realmente, o que estava pensando era verdade.

Quando, lá pelas onze horas do dia, resolvi ir até a casa dele, encontrei-me com Rosália, que ia para a mina d'água. Ela me deu bom-dia e disse-me:

– Deves estar cansada pois não conseguiste dormir direito, não é mesmo?

Respondi:

– É, não dormi nada. Não consegui. Estava e estou muito curiosa e pensativa.

Rosália respondeu:

– Não fiques mais curiosa, pois daqui a pouco terás a resposta do que queres saber e vais ficar muito feliz, pois tuas suspeitas são reais e verdadeiras, e não são coisa de sua velha cabeça, minha doce e querida irmã. Daqui a pouco nos encontraremos.

Ela seguiu para a mina d'água e eu pensei: "Ela é mesmo a mais adorável bruxinha. Como eu a amo!".

De repente, meu coração bateu mais forte, ao entender o que ela me falara.

Bati palmas no portão da casa do Sr. Afonso e ele mesmo veio me atender com muita satisfação, dizendo:

– Mas que bela surpresa! Como é bom recebê-la, senhora!
Ele então, ajudando-me a entrar em sua casa, gritou o nome de sua esposa e disse:
– Olhe só, querida, quem veio nos visitar!
A esposa dele, muito simpática, deu-me um longo e apertado abraço. Sentamos e depois de uma longa conversa ele me perguntou:
– Conte-me, o que a trouxe aqui, minha grande e estimada irmã cigana?
Eu, então, lhe respondi:
– O que me trouxe aqui foi o medalhão em seu pescoço!
– Ah – disse ele –, mas eu quase não o uso. Ele me é de grande estima. Foi um presente que ganhei e que guardo com carinho, pois representa o meu talismã.
– Poderia me dizer de quem foi? – perguntei-lhe.
Ele me respondeu, emocionado, que o ganhara do seu pai cigano quando saíra do acampamento para se casar.
– E qual o nome do cigano?
– Meu pai cigano se chamava Ruanito – respondeu.
Quase desfaleci. Aquele senhor que estava à minha frente fora criado pelo irmão de Orlânio. Todos, naquela família tinham um medalhão igual e eu o reconheci por ter tido Orlânio em nosso acampamento como nosso conselheiro e senhor.
Quando eu trouxe Sheila para ficar comigo e meu povo, Orlânio havia contado que seu irmão, Ruanito, criava, em seu acampamento, um menino que era órfão de pai e mãe e muito sofrido, pois fora rejeitado pelos tios, que o deram para ser criado pelos ciganos.
O medalhão de Orlânio encontrava-se, agora, com Caio, a quem ele o entregara antes de morrer. E foi nesse lugar que os dois se encontraram.

Ficamos muito emocionados e comentamos que o mundo é mesmo muito pequeno. A vida nos traz, através do tempo, grandes recordações e surpresas, umas agradáveis, outras não, mas ela é assim.

Contamos velhas histórias, demos grandes gargalhadas e nos divertimos muito, pois o Sr. Afonso era um homem que estava sempre de bem com a vida e muito bem-humorado. Dificilmente alguém poderia vê-lo triste. Sua esposa também era bastante alegre; não tanto quanto ele, mas era uma pessoa maravilhosa que também adorava o nosso povo. Ela nos disse que achava que em outras vidas teria sido uma cigana por gostar muito do nosso povo, e que Deus a presenteara dando-lhe um marido quase cigano, o homem mais amado do mundo. Muito bom ter ouvido palavras tão sinceras e de coração, pois parecia que tudo que ela falava vinha direto da alma.

Noites iguais àquela do dia anterior aconteceram várias vezes e quase enriquecemos lá, pois conseguimos guardar muitas moedas e armazenamos muitas coisas em nossos carroções.

XVIII

A Serpente

O tempo foi passando e um belo dia aconteceu algo bastante triste que muito nos preocupou. Foi aí que tudo começou.

Estávamos, em uma bela tarde de sol de um dia um pouco frio, reunidos, quando surgiu uma estranha conversa sobre os cachorros da casa do Sr. Afonso, que estavam latindo muito à noite, o que não era costume acontecer. O Sr. Afonso mesmo fez esse comentário e, desde então, começamos a ficar vigilantes à noite. Rosália não gostou muito do assunto e Caio também ficou preocupado, tanto que disse a ela:

– Temos que nos preparar para fazer orações fortes pedindo ao nosso Grande Pai do Céu e à nossa Protetora ajuda e proteção para nossa gente, pois, de repente, estamos de novo correndo perigo.

O Sr. Afonso ouviu Caio dizer isso e respondeu:

– Não se preocupe, Caio, tenho homens de minha confiança e tenho certeza de que ninguém vai importuná-los. Falarei com meus homens para dobrar a vigília da noite. Fiquem descansados, por favor.

Caio, mesmo assim, respondeu:

– O senhor foi criado por alguém de nosso povo e vive como tal. Na sua criação, deve ter aprendido a ter os sentidos sempre ativados e não deixar de pedir proteção por meio de rezas fortes antes que aconteça alguma desgraça.

Ele então respondeu a Caio:

– Você tem razão, meu rapaz, tem razão. Faremos juntos nossas preces, pois também sei fazer preces de magias para afastar maus espíritos ou perturbadores infelizes.
A noite chegou e a fogueira foi acesa. Todos estavam ao seu redor esperando por Caio e Rosália para começarem a cerimônia. Estávamos todos juntos para rezar. As ciganas haviam deixado as crianças dormindo nas tendas para ficarem mais à vontade.
Caio e Rosália começaram o ritual. Ele fez um grande círculo em volta da fogueira e começou a trabalhar com as labaredas que queimavam e levantavam faíscas por todos os lados. A noite estava muito escura e fria, embora tivesse feito um dia de sol. Havíamos tomado o cuidado de acender lamparinas para iluminar todo o acampamento.
De repente, Caio deu um grito que estremeceu a todos e correu em direção a sua barraca. Quando todos quiseram segui-lo, na intenção de ajudá-lo, Rosália interferiu pedindo que não fossem, pois tudo seria resolvido por ele; o que teríamos de fazer era manter o pensamento em Deus e em nossa Protetora. Assim foi feito. Quando Caio voltou, trazia sua filha ainda adormecida, segura por seu braço esquerdo, enquanto no outro ele segurava, já morta, uma enorme serpente, a cobra que ele vira em seus trabalhos de magia já próxima à sua filha. Felizmente, ele chegara ainda a tempo e a matara. Todos ficaram apavorados com o que viram. Caio olhou aquela cobra e disse:
– Maldita serpente, quem será que a colocou para matar minha filha? Logo após, ele a atirou na fogueira, dizendo:
– Nossas preces foram ouvidas. Que Deus nos proteja!
Rosália se levantou e advertiu Sheila:
– Filha, não abuse da sorte. Você é bela e muito invejada. Sinto por ter sido amaldiçoada e jurada de morte. Esteja sempre atenta a tudo e a todos. Não acredite em ninguém e se cuide não andando sozinha, e, sim, sempre acompanhada pelo nosso grupo, por favor.
Outras noites vieram, com festas na cidade, onde todos participávamos dos festejos organizados pelo Sr. Afonso, que parecia não se conter de tanta felicidade. Ele sempre pedia:

– Por favor, meus irmãos, agora que nos encontramos, não nos separaremos mais. Fiquem conosco, não se vão mais embora. Fiquem para sempre comigo e os meus. Seremos uma grande família. Mas, se um dia tiverem que partir, por favor não me falem. Vou sofrer muito e não vai ser fácil a dor que com certeza sentirei, e nenhuma medicação me poderá trazer o alívio. Mas vamos às notícias boas. Tenho uns amigos de uma cidade próxima a esta que estão muito felizes com o convite que lhes fiz, para nos assistirem dançar na praça da cidade amanhã à noite. Vocês estão de acordo? Posso confirmar?

A resposta, dada por Caio, foi positiva, após olhar nos olhos de um por um procurando a afirmativa de todos.

– Amanhã à noite dançaremos na praça da cidade e vamos ganhar muitas moedas de ouro, como nas outras vezes.

O Sr. Afonso interrompeu e disse:

– Dessa vez ganharão muito mais, pois trarei amigos que têm dotes e poderes, e já falei com eles que o nosso propósito é ganhar dinheiro para o conforto de nossa gente. Sheila – gritou –, prepare seu mais lindo vestido de festa, pois vamos ter que encantar com os mistérios ciganos a toda essa gente que está chegando para nos assistir. Vai ser um espetáculo inesquecível e merecedor de centenas de moedas de ouro.

E assim foi feito. O dia amanheceu prometendo uma bela noite de céu estrelado com uma bela lua, na fase crescente. Tudo estava ótimo e propício para uma grande festa com muitas comidas. Assados, vinhos, doces, castanhas... enfim, tudo do bom e do melhor foi providenciado com a ajuda do Sr. Afonso, que de tudo participava com uma alegria estonteante, evidentemente com sua esposa do lado, que a tudo assistia com expressão de felicidade, mas sem muito falar; era seu jeito.

Anoiteceu. Todas as ciganas estavam muito elegantes e alegres. Cantando felizes, todos se reuniram e foi dada a ordem de não se afastarem do grupo, permanecendo sempre todos juntos para evitar contrariedades.

Ninguém ficou no acampamento, exceto os guardiões que, por ordem do Sr. Afonso, foram colocados espalhados pelo local para guardarem nossas barracas de algum forasteiro que porventura quisesse perturbar nossa paz ou, até mesmo, nos roubar.

O Sr. Afonso, muito elegante e todo orgulhoso, chegou e foi logo dizendo:

— Vamos, minha gente, vamos trabalhar e nos distrair um pouco, pois a vida é muito bela e nós devemos aproveitar cada minuto com intensidade. Hoje nós vamos dançar e cantar muito. Vamos mandar a tristeza e os problemas embora, com muita energia de amor e de alegria. Subam em suas carroças, ciganos!

A noite foi maravilhosa. Nunca esquecerei os momentos de felicidade que nos trouxe aquele lugar, embora tenha ficado lá um pedaço de mim e talvez a minha própria vida.

Sheila dançava como ninguém. Parecia uma deusa flutuando naquele solo. Ela era muito aplaudida e eu ficava muito orgulhosa, como fico até hoje.

Cada noite que nosso povo se apresentava naquela praça, mostrando o que nós sabemos fazer com o coração, que são as danças e as leituras das mãos, era muito boa. As moedas que ganhamos naquele lugar foram tantas que não encontramos outro lugar onde tivéssemos tanto trabalho com tantas moedas, que muito nos enriqueceram. Compramos carroças de luxo, cavalos puro-sangue. Muitas joias foram fabricadas para nosso povo com ouro maciço. Belos cortes de seda pura para a fabricação de nossas roupas, muitas bacias de prata e de ouro também foram compradas por nós, e muitas confeccionadas por Caio com a ajuda de Jeremias.

Foi naquele lugar que enriquecemos. Mesmo assim, acho, até hoje, que a maior riqueza da vida não está nas coisas materiais que possuímos, que adquirimos por meio de nosso trabalho, do nosso esforço e até mesmo pela sorte, pois, quando morremos, nada levamos.

Deixamos tudo. Só conseguimos levar as boas obras que fizemos com o coração: o amor que tivemos e a saudade das pessoas que deixamos e que muito amamos.

Até mesmo nosso corpo fica entregue à terra fria, que em pouco tempo o consome e nada mais resta.

Se deixarmos boas obras e bons sentimentos nos corações de quem fica, seremos lembrados com amor e isso servirá para nos ajudar em nossa chegada e na estada em nossa verdadeira morada. É por isso que não devemos nunca desperdiçar nossos momentos com as mesquinharias do ódio, das mágoas e dos ressentimentos que porventura baterem em nosso coração.

Sei que ninguém é perfeito e que jamais faremos tudo com perfeição, mas devemos tentar, para um dia, quem sabe, podermos alcançar a tão falada perfeição. Quem sabe?

Mas, continuemos nossa história.

Tudo foi muito bem, como em todas as outras vezes, e parecia melhorar ainda mais. Interessante é que, a cada vez que fazíamos um encontro de festas, tudo era mais bonito e misterioso. Eu sentia que a cada instante nossa energia de amor e de força de vontade de trabalho, de união, era mais forte e mais intensa, e por isso crescia cada vez mais e mais. Sentia a presença do amor e da felicidade em cada canto daquele lugar, e ao mesmo tempo via nos olhos de todos a preocupação por algo que era difícil descobrir.

Era muito importante que nos uníssemos sempre mais para que fosse mais fácil, com todos juntos, superar as dificuldades que pudessem atravessar nossos caminhos e atingir a nossa felicidade.

A fogueira foi apagada. Já eram quase cinco horas da manhã quando nos reunimos para voltar ao acampamento. Ninguém reclamava de cansaço e parecia que, se tivessem que continuar a dançar, não teriam nenhum problema, porque nosso povo era realmente de fibra, e o sangue quente e forte corria em nossas veias.

IX

A Perda do Colar de Sheila

    Chegamos em nossas barracas com satisfação e vimos que tudo estava em perfeito estado e tranquilo. Nada estava fora do lugar e ninguém mexera em nada. Os guardiões estavam cada um em seu lugar, e de nada reclamaram durante nossa ausência.
    Cada um de nós foi procurar descansar, pois em breve o dia estaria claro e havia serviço a ser feito; afinal, ninguém vive só de festas. Todos estávamos cansados, mas felizes e muito animados.
    O dia amanheceu, e a animação e felicidade continuaram. Passamos um dia muito bom, com muito trabalho a executar e encomendas para entregar, pois tínhamos um grande compromisso de trabalho com os senhores daquele lugar que nos renderia muitas moedas.
    E assim passou o dia e a tarde se fez. O céu estava azul sem mesmo uma nuvem branca. As árvores balançavam como se estivessem dançando ao som do violino que Caio tocava para sua amada, enquanto ela descansava na rede com sua filha nos braços. Caio parecia ser o homem mais feliz de toda a humanidade. Seu sorriso era encantador. Os acordes de seu violino pareciam trazer os passarinhos que cantavam com ele. Tudo era muito lindo.
    Foi então que tiveram a ideia de ir todos até a mina pegar água e se banhar nas águas doces e limpas daquele lugar que parecia mais um paraíso.

Caio levou seu instrumento e tocou, enquanto as ciganas lavavam as louças e as roupas. Depois que tudo estava feito, todas se banharam, embora fosse apenas uma mina.

O Sr. Afonso cercara mais embaixo com grandes pedras, fazendo uma bacia gigante para tomarmos banho. As ciganas lavaram seus belos, longos e negros cabelos. Cantavam juntas as canções de Caio.

Tendo ouvido nossa música de sua casa, o Sr. Afonso e sua esposa resolveram juntar-se a nós e, como sempre, onde eles estavam tudo virava festa; ele era muito animado e bastante divertido, embora tivesse a aparência séria de homem severo, mas não era nada daquilo que aparentava ser; pelo contrário, tinha um coração enorme de tanta bondade e de tanto amor pelo ser humano.

Depois de cantarolarem bastante, todos se puseram de volta ao acampamento.

A noite prometia ser muito bonita. Lua boa, tempo bom; tudo fazia com que nos sentíssemos ainda mais felizes.

Rosália veio falar comigo:

– Como vai, minha irmã? Há tempos não conversamos, não é mesmo?

– Realmente, amiga – respondi. – Precisamos colocar nossas conversas em dia.

– Tem razão – respondeu Rosália.

Rosália me parecia muito preocupada e estava pálida. Perguntei-lhe:

– Por que me parece tão preocupada? Será que é impressão minha ou está mesmo preocupada?

Rosália calou-se por alguns instantes e minutos após respondeu:

– Amiga, há noites que não durmo direito, passo o tempo rondando nosso acampamento, pois tenho sempre a impressão de que tem alguém nos observando. Não consigo ter paz para ter um sono tranquilo e com isso estou ficando fraca, pois o sono faz falta ao nosso corpo e preciso dormir.

Então lhe respondi:

– Logo à noite ficarei de guardiã no seu lugar para que durma em paz. Pode confiar em mim que tomarei conta de tudo. Não se preocupe que nada de mau nos acontecerá.

Decidi contar a Caio a preocupação de Rosália, pois ela era muito intuitiva e todos a respeitavam demais por esses seus méritos.

Caio chamou o Sr. Afonso e contou-lhe a história da cabra que apareceu morta com uma punhalada, por alguém que não conseguimos descobrir, mas que, sabíamos, um dia Deus iria nos mostrar. Pediu que nos ajudasse colocando seus homens de guarda e assim foi feito.

Passados alguns dias, Rosália parecia um pouco melhor, mas, mesmo assim, sua preocupação não havia passado. Ela resolvera que a noite fosse de silêncio pois iria fazer uma magia de adivinhação para descobrir o motivo de sua preocupação. Nessa noite, todos dormiram cedo para facilitar o silêncio em nosso acampamento. No outro dia, notamos que ela não saíra de sua tenda, mas Caio pediu que não a importunassem para que pudesse descansar. Como sempre, um pedido de Caio era uma ordem.

O tempo foi passando, tudo corria muito bem e tranquilo. Nosso povo trabalhando muito e ganhando muitas moedas. Muita fartura em comida e conforto geral. Só havia alegria e satisfação com nosso povo. Muitas danças, muitas alegrias.

Sheila ficou grávida de novo, mas, perdeu o nenê quando uma tempestade, que se anunciou por um forte e barulhento relâmpago, a assustou e causou a interrupção da gravidez de dois meses. Não ficamos tristes, pois consideramos isso como sendo a vontade de Deus, e tudo que é de Sua vontade deve ser respeitado, segundo nosso entendimento.

Muitas coisas boas aconteceram naquele lugar.

Um dia, depois de estarmos ali há tanto tempo que já não lembrávamos mais de nenhuma preocupação, alguns do nosso povo foram passear na beira de um rio, num local onde os homens ciganos costumavam ir às vezes para pescar. Era um pouco distante, mais ou menos uns cinco quilômetros do acampamento.

Não conheci o tal lugar nem o rio onde eles pescavam. Diziam que era muito bonito e que havia muitas árvores cercadas por pedras grandes e bonitas. As águas eram límpidas e havia muito silêncio. Um bom lugar para pescaria, pois todos que ali iam, pescavam belos peixes nessas águas doces.

Rosália também não foi, pois resolvera ficar comigo no acampamento. Até o Sr. Afonso foi, pois, segundo ele, seria o guia e mostraria e contaria as histórias daquele lugar.

À tardinha, todos chegaram do passeio. Cada um com um belo peixe e um sorriso de satisfação pelo programa da tarde.

Todas as ciganas estavam muito perfumadas pelo banho que tomaram no grande rio de águas doces e limpas. Repetiram, por muitas vezes, que voltariam, pois o lugar era deslumbrante.

Pareciam todos muito satisfeitos e até mais leves. Rosália ouvia a tudo sem dizer uma palavra.

A noite chegou e dessa vez as brasas assaram os belos peixes que nosso povo havia pescado. Todos estavam reunidos.

Sheila se aproximou de mim e disse:

– Mãezinha, perdi minha correntinha de ouro e acho que foi no rio. Estou muito triste, pois Caio a fez para me presentear. Parece até que estou nua, sem minha joia no pescoço.

Caio se aproximou, mas, como Sheila nada falou, ele percebeu que ela não gostaria de perguntas; então, fingiu que nada entendera.

Rosália empalideceu e desmaiou. Todos cuidamos dela como se estivesse muito cansada, mas ela demorou a voltar a si.

Enquanto havia aquele tumulto, muitas coisas aconteceram. Até o barulho de uma coruja foi notado no acampamento. Os cachorros latiam sem parar e começamos a sentir a energia ruim e carregada. Eu, cuidando de Rosália, não lembrei que Sheila havia perdido o colar de seu pescoço e que achava que tivesse sido no rio.

XX

A Morte de Sheila

A noite passou e o dia chegou. Quase não dormi direito, pois estava muito preocupada com Rosália e também com Sheila. Tinha a impressão de que ela poderia ir procurar seu colar de ouro e isso não poderia acontecer de jeito nenhum.

Estava na barraca de Rosália quando, de repente, Caio entrou pálido, quase sem forças, e perguntou por Sheila. Ninguém disse uma só palavra.

De repente, eu lembrei e gritei:

– Meu Deus! O colar! O rio!

Caio ficou sem saber direito o que estava acontecendo, aproximou-se de mim segurando-me pelos braços e disse:

– Que tem o rio, minha mãe, de que colar está falando?

Eu lhe contei que Sheila perdera o cordão de ouro que ele lhe dera, e que achava que o havia perdido no rio. Ele ficou muito nervoso e eu jamais havia visto tamanha revolta em Caio, que saiu gritando:

– Não pode ser, não pode ser! Espíritos ruins, saiam dos caminhos de minha amada! Saiam todos, em nome de Deus!

Logo após, ele saiu enfurecido gritando:

– Jeremias! Jeremias, por favor, pegue nossos cavalos e vamos buscar Sheila no rio.

Jeremias só respondeu:
— Sr. Caio, os cavalos já estão preparados. Vamos enquanto é tempo.

Caio deu um salto em seu cavalo e disse, gritando e chicoteando seu animal, coisa que jamais havia feito:
— Cale a boca e me siga, Jeremias! Cale a boca, homem de Deus!

Rosália acabara de acordar gritando muito e curvando todo seu corpo:
— Não sofra, minha filha, não sofra, meu amor, não sofra, não sofra...

Caio e Jeremias já haviam desaparecido quando cheguei na saída da barraca de Rosália. Notei que todos estavam de joelhos rezando a Deus para que a desgraça não nos importunasse.

Comecei a me sentir muito estranha e sem forças. Não estava me aguentando e sentei em um tronco de árvore que ficava na entrada da barraca.

Rosália, quase sem forças, pediu para chamar o Sr. Afonso. Ele nos atendeu imediatamente.

Quando chegou, aproximou-se de Rosália, começou a tremer e gritou:
— Não, maldita, não!

Foi então que desmaiei e não vi mais nada.

Contaram-me que Sheila havia realmente ido até o rio. Caio e Jeremias foram atrás dela. Encontraram-na no meio do caminho, próximo a umas pedras. Caio avistou sua amada esposa, saltou do cavalo e, conforme ele mesmo disse, foi como estivesse voando. Ao se aproximar de Sheila, viu que em seu pescoço havia um punhal cravado. Seu sangue descia pelo ombro e cobria seu lindo colo que dava tanta beleza àquele belo corpo de mulher.

Caio gritava o nome de Sheila, que ainda teve forças para abrir os olhos e, olhando para ele, derramou duas lágrimas e

deixou que seu corpo, já sem vida, fosse totalmente amparado pelos fortes braços de seu esposo, que gritava desesperadamente:
– Não, minha vida, não me deixes! Jamais viverei sem ti! Não faças isso, sê forte, luta, meu amor! Não morras! Não vás embora sem que eu vá primeiro para te receber e te amparar.

Sheila já não dava mais sinal de vida. Caio olhava para aquele punhal cravado em seu pescoço e não conseguia saber se o deixava ou se o tirava.

Jeremias, que a tudo assistia, chorava muito e, não se contendo, rolava pelo chão, de dor. Caio permanecia agarrado ao corpo de Sheila. O Sr. Afonso apareceu a cavalo, perguntando o que estava acontecendo. Não era preciso explicar nada. Estava ali, diante de seus olhos, a desgraça feita. A minha menina estava morta.

No acampamento, todos já sabiam e parecia, como percebi logo que recobrei os sentidos, que todos estavam sendo acalentados por alguma força estranha, de muito amor, pois o sofrimento que estraçalhava nossos corações era tão grande que parecia que estávamos anestesiados pela dor.

Rosália, sem nenhuma cor, levantou-se e disse:
– Como não pude evitar, meu Deus?

Lembrei-me, então, do que Sheila havia dito, há muito tempo. Do destino ninguém pode fugir. Embora tivéssemos o direito de escolha, não poderíamos fugir do que já estava escrito no livro do grande Pai do Céu.

Aproximava-se o momento mais triste, jamais vivido em toda nossa vida. Ao longe, avistamos Caio montado em seu cavalo e, voltando lentamente, trazendo nos braços o corpo de sua amada.

A notícia da morte de Sheila não havia chegado por intermédio de ninguém, e sim pelo que sentimos ao saber que ela havia saído sozinha. Naquele momento foi confirmada. Preparamos um lugar para colocar o corpo de minha menina, que mesmo morta estava linda.

Seu semblante estava suave. Seu rosto parecia ainda mais bonito. Suas mãos seguravam o colar que Caio lhe dera e não conseguimos descobrir com certeza como foi que ela o achara.

Caio colocou Sheila em cima da mesa providenciada pelo Sr. Afonso. O punhal estava ainda no pescoço dela.

De repente, Rosália chegou perto do corpo de Sheila e gritou:

– Desgraçada! Foste tu? Maldita cigana!

Todos ficaram surpresos, sem saber direito o que estava acontecendo, quando Rosália explicou:

– Este punhal pertence a Mariene. Eu o conheço. Jamais me esqueceria dele pois ela o carregava sempre na cintura. Foi ela quem matou Sheila. Era ela quem nos seguia. Foi ela também quem matou a cabrinha. Maldita, foste tu quem matou nossa Sheila!

A emoção da perda tomou conta de todos nós.

Caio retirou o punhal do pescoço de sua esposa e jurou que com aquele mesmo punhal iria vingar a sua morte. Arrumaram o corpo de Sheila. Vestiram-na com o seu mais belo vestido, que ela mesma fizera.

Ela estava linda. Parecia estar descansando para a próxima dança. Mas não, minha menina estava pronta para ser enterrada, pois já não havia mais vida naquele corpo.

O que ficaria entre nós seria apenas a saudade e o som de seu doce sorriso que a todos encantava.

XXI

A Vingança

A cerimônia foi executada como se Sheila fosse uma cigana de sangue. Tudo perfeito e com muito cuidado, com muito carinho e respeito por ela ter-se tornado cigana por amor e pelo destino que Deus lhe havia preparado.

Caio se vestiu com suas mais lindas e caras roupas. Chegou perto do corpo de Sheila e disse:

– Você, meu amor, está linda! Estará sempre viva em meu coração. Não a verei mais, mas sei que poderá me ver. Isso me conforta. Você era a minha estrela aqui na terra, e continuará sendo lá no céu. Mas, ouça-me, muito em breve estaremos juntos novamente, pois sinto que não saberei viver sem você. Não vou suportar a minha vida sem a sua. Portanto, em breve estarei com você. Espere por mim assim que eu vingar a sua morte, meu amor.

Caio então pegou o corpo de Sheila, abraçou-se a ela e a beijou. Saiu, pegou seu violino e começou a tocar as mais lindas canções que Sheila gostava de ouvir e de dançar.

A notícia foi espalhada por toda a redondeza e o cortejo foi longo, acompanhado por quase todos os moradores daquela cidade, um lugarejo situado perto de Córdoba.

O Sr. Afonso, abatido, muito fraco, não dizia uma só palavra. Logo que o corpo de Sheila foi entregue à terra, ele falou:

— Continuaremos a dançar em sua nova morada assim que nos encontrarmos, minha irmã!

Assim que acabou de falar, desmaiou. Muita gente se sentiu mal, tamanha a tristeza e a emoção.

Caio tocava seu violino e dançava rodeando a sepultura de sua esposa, pisando forte naquela terra de cor avermelhada. Sua expressão era séria. No seu rosto trazia a tristeza, nos seus olhos o sofrimento e no coração a vontade da vingança. Ele tocou, tocou muito, e depois parou. Olhou para o céu e agradeceu a Deus pela esposa que Ele lhe concedera, lamentando apenas o pouco tempo, mas, mesmo assim, agradeceu pela felicidade vivida. Logo a seguir, repetiu a primeira música que havia feito para Sheila antes de se casarem. Foi aí que ele chorou. Cantou tocando seu instrumento e chorou sem ter vergonha das lágrimas descendo em seu rosto pálido de tanto sofrimento. Depois, ele parou, abraçou seu violino e disse:

— Você não mais tem serventia para mim. Você também acaba de morrer.

Beijou o violino, tocou com os dedos as cordas e o depositou na sepultura de Sheila.

Sinceramente, eu não conseguia chorar, nem mesmo falar. Peguei Mirtes em meu colo e só me senti viva porque um pedaço de Sheila estava em meus braços, e era sua filha. Fiquei sem falar, pois o som de minha voz não saía, por mais que me esforçasse. Eu ouvia muito pouco também. Não comia, não dormia. Só melhorei quando Rosália começou a cuidar de mim com suas orações de curandeira e com suas magias. Dois meses já se haviam passado quando comecei a me recuperar.

O acampamento mais feliz do mundo era hoje um lugar de tristeza e sofrimento pela perda de Sheila. Ninguém aceitava aquela tragédia pois fora covardia. Uma vingança com quem não tinha nenhuma culpa. Sheila era amável com todos. Era muito amada e muito querida. Tinha um coração doce, cheio de amor. Trazia consigo a alegria que a todos contagiava, pelas suas danças, pelo seu sorriso e pela expressão de seu olhar misterioso que enfeitiçava a todos. Sheila era simplesmente uma criatura de Deus que só o bem sabia fazer.

Mariene matara Sheila para se vingar de Caio, que sofria agora dia e noite com a falta de sua amada.

Caio resolveu fazer uma viagem. Saiu com Jeremias e disse que iria caçar. Passados dois meses e sete dias, eles voltaram.

Reuniram todos de nosso acampamento em volta de uma fogueira e mandaram que chamassem o Sr. Afonso, que chegou com a expressão ainda de sofrimento pela perda de nossa menina. Dessa vez, ele não chegou como das outras, sempre alegre, sorrindo, brincando e até contando histórias que nos faziam rir. Parecia ter perdido o encanto pela vida.

Caio o abraçou fortemente e depois, pálido, magro, com expressão de puro sofrimento, começou a falar:

— Meus irmãos, vocês devem ter estranhado que não trouxe nada de minha caçada, não é mesmo? Pois muito bem! Não trouxe caça pois o que eu fui caçar não era para trazer. Eu fui caçar um bicho mau, nojento, sujo, desgraçado, infeliz. Fui à caça de Mariene. Foi ela quem matou a cabra, era ela quem nos seguia, foi ela quem colocou aquela cobra junto de minha filha, Mirtes, e era ela quem fazia barulho nas noites em que, muitas vezes, Rosália ouvia.

— Foi ela também que nos roubou, enfim, foi ela que, sempre tentando vingar-se de nós, tirou a vida de nossa Sheila. Pois eu reuni todos vocês para dizer que eu me vinguei daquela maldita.

— Descobri outro acampamento de nossa gente e fiquei longos dias de longe observando. Não encontrei Mariene. Procurei me informar e me disseram que ela havia sido expulsa de lá. Continuei a procurar conforme me haviam indicado. O tempo foi passando e eu permaneci à procura daquela infeliz. Um dia, parei em uma estrada deserta e fiz minhas magias. As chamas me responderam e me mostraram a direção.

– Segui minha intuição. Paramos para descansar à beira de um rio. Jeremias então ouviu risadas de uma mulher. Procuramos ficar em silêncio, e bem devagar subimos as pedras. Lá estava um casal namorando em plena luz do dia. A mulher usava vestes ciganas. Ela era uma cigana. O homem vestia-se com roupas comuns e ela o abraçava enquanto o roubava. Ele nem notava. Ela, então, aos poucos, depois de ter despido o pobre homem, deitou-o em cima de uma pedra e sentou-se em cima dele, que se sentia totalmente embriagado de prazer. Ela sorria alto, dando gargalhadas horrorosas que me arrepiavam. Quando a infeliz se virou, eu a reconheci. Era Mariene. Gritei por seu nome. Ela se virou para mim e riu ainda mais alto, gritando: 'Eu me vinguei de você, seu desgraçado!'.

– Assim que acabou de falar aquilo para mim, retirou um punhal de sua cintura e ia enterrá-lo no homem quando gritei: 'Cuidado!'

– O homem, após uma luta feroz e depois de ter-se machucado bastante com os cortes que ela lhe fizera, tirou-lhe o punhal e, com ódio mortal, deu-lhe três punhaladas no peito. Enquanto tudo acontecia, eu e Jeremias descíamos até eles. Quando lá chegamos ela, sorrindo, com sangue escorrendo pela boca, ainda teve forças para dizer: 'Eu matei sua cabra. Roubei vocês todos, coloquei aquela linda cobra para picar sua filha. Fiz barulho para assustar Rosália, aquela feiticeira maldita. Fiz tudo isso e faria mais se não fosse esse homem maldito que acaba de me ferir'.

– Mesmo morrendo, ela cuspiu no rosto daquele homem que, enfurecido, se levantou e jogou o corpo da infeliz lá do alto dizendo: 'Mulher nenhuma fez comigo o que tu tentaste fazer. Morre, infeliz! Nunca mais farás mal a ninguém'.

– O homem se arrumou, colocou uma grande mochila nas costas e saiu. Ficamos ali esperando ver o corpo da infeliz nas águas que passavam lá embaixo, onde se formara um grande rio.

– Eu e Jeremias nos olhamos e eu disse: 'Maldita! Estou vingado! Não precisei sujar minhas mãos com seu sangue, mas, se fosse necessário, eu as sujaria para vingar a morte de minha esposa. Morra, maldita, e vá para o inferno!'.

– Em seguida, atirei o punhal que pertencera a Mariene, com o qual ela matara Sheila, no grande penhasco de onde ela também fora atirada.

– Aquela maldita não vai mais nos perturbar. Estamos vingados!

Caio, então, pegou sua filha nos braços e, abraçando-a forte, chorou dizendo:

– Tu, filha, és o pedaço do grande motivo de minha vida. És um pedaço de tua mãe. Que eu tenha forças para te criar. Mas se eu não conseguir, filha, perdoa teu pai porque me sinto perdendo as forças.

Corremos para pegar Mirtes dos braços do pai, que desfalecera, talvez de fome ou de cansaço. Colocamos Caio em sua barraca e Rosália foi cuidar dele, pois o considerava quase seu filho, já que fora ela quem o criara. Abraçando Caio fortemente, ela falou:

– Não, não, por favor, seja forte, filho meu, seja forte, por favor e pelo amor de Deus.

XXII

Caio se Reanima

Os dias foram passando e Caio não se recuperava. Não comia, não dormia, enfim, estava como se não vivesse mais. Nem a presença de Mirtes o fazia sentir-se feliz. Seus olhos fixavam com força uma imagem pintada de Sheila que estava pendurada na lona de sua barraca. Ele nem piscava. O sofrimento tomou conta dele. Não tinha mais prazer pela vida. Rosália começou a se preocupar. Um dia, quando lavava alguns vasilhames, de repente disse:

— Minha irmã, deixemos tudo e vamos agora mesmo para perto de Caio, pois ele precisa de nós duas a seu lado.

Ela me segurou pelo braço e fomos apressadas para a barraca de Caio. Já estávamos perto da entrada quando Rosália se assustou, pois ouvira, vindo lá de dentro, uma gargalhada muito conhecida por todos do acampamento. Ao entrarmos, pudemos ver junto de Caio a presença do espírito de Mariene.

Rosália começou a falar, a conversar com ela, que insistia em ficar perto de Caio até que ele morresse. Rosália fez tudo o que sabia, e com a ajuda de Luana conseguimos fazer com que ela se fosse, na companhia de amigos que vieram buscá-la.

Foi muito difícil essa situação. Os espíritos que partem bruscamente, sem esclarecimentos e carregando em sua bagagem a vingança, o ódio e a revolta, não conseguem desprender-se da terra com facilidade, achando até que ainda estão vivos. Para ajudá-los é preciso calma, fé, amor e muita prece, com muita concentração. Só assim o resgate deles poderá ser conseguido. Mas, graças a Deus, tudo foi resolvido, pois Rosália tinha uma firmeza muito grande e nosso trabalho fora feito com bastante amor.

Da presença de Mariene nós nos livramos, mas sabíamos que teríamos ainda muito a fazer por Caio.

Os dias foram se passando e não perdíamos a fé, que a todos contagiava com a forte presença de Deus em nós. Rezas, magias, tudo era feito, mas nada tinha resultado. O Sr. Afonso mandou vir de longe um curandeiro, também cigano, amigo dele, que nada conseguiu fazer e lhe disse:

– Filho, a vida é feita de grandes mistérios. Só é ajudado aquele que quer ser. Caio não mais quer viver. Ele também é um cigano feiticeiro. Suas feitiçarias também entram em ação naquilo que ele, com os pensamentos, coloca em prática. Ele está com o pensamento voltado para a morte. Quer encontrar-se com sua Sheila e não temos como impedir que ele não pense e deseje isso, por mais que sejamos bruxos ou feiticeiros.

Sabem, filhos, os nossos pensamentos são como tinta que desenham e pintam a tela de nossa imaginação, transformando-a em realidade de acordo com o que desejamos para nós. Sejamos fortes. Seja tudo dentro da vontade do Grande Pai e de nossa Protetora. Rezemos, pois isso é o que temos a fazer; rezar a Deus e pedir que os pensamentos de Caio mudem e que ele tenha força de vontade para viver novamente, pois ainda há muito para ele fazer por sua gente.

– Vamos pedir ao Senhor Tempo que, assim como todos os dias o sol nasce para brilhar para um novo amanhecer, no coração e na mente de Caio também brilhe este sol trazendo-o de volta à vida, para junto dos seus que o esperam com muito amor.

Dizendo isso, o cigano curandeiro se foi, completando:

— Sinto que não será em vão a minha vinda aqui. Em breve Caio estará forte novamente, pois o amor que une sua gente é muito maior que a força do mal. Ele voltará, aguardem!

Assim ele se despediu de nosso povo e partiu com um olhar expressivo e com o ar de grande confiança e fé de que tudo voltaria ao normal.

O tempo foi passando. Tardes e noites encantadoras chegavam em nosso acampamento com o céu coberto de estrelas e com a grande mãe Lua nos abençoando. Fogueiras eram acesas, cantigas eram tocadas e cantadas, mas nada era mais tão encantador como antes. Tudo perdera a razão de ser. Embora sejamos um povo alegre e feliz, somos humanos. Toda a nossa alegria nos últimos anos viera por intermédio daquela menina que apareceu em nosso acampamento e que eu recebi como se fosse um presente. Depois que ela partiu para o plano espiritual, parecia até que me faltava um pedaço. Sheila era, realmente, a nossa estrela e Caio era o seu céu. A estrela se foi e o céu não está conseguindo sobreviver sem ela.

O mais doloroso para nós é que todos sabíamos que Caio não saberia viver sem sua amada.

Tudo ficou muito monótono; afinal, foi forte demais o que o destino nos trouxe. Apesar de sermos fortes e corajosos, temos que aceitar que não existe ninguém neste mundo tão forte e tão corajoso que não seja capaz de enfraquecer ou mesmo de fraquejar e sofrer. Afinal, dentro de nosso peito bate forte um coração. Perante Deus, somos todos iguais, mas muitos não conseguem entender isso e, às vezes, somos discriminados por sermos andarilhos, por sermos ciganos; mas também somos filhos de Deus e irmãos de toda a humanidade.

Tudo estava muito difícil e triste demais. Sabíamos o que poderia acontecer porque neste mundo de Deus também se morre de amor e por amor.

O tempo passou, e nada melhor que o tempo para nos ajudar. Sentimos que aos poucos Caio começava a se animar novamente, e isso era bom demais.

De vez em quando, ele mesmo procurava falar algo de interesse comum, preocupando-se com o seu trabalho. Finalmente, ele começava de novo a se interessar pela vida de seu povo.

Em uma tarde muito bonita, notamos que Caio saiu de sua barraca, foi até a mina para banhar-se, barbeou-se, vestiu-se muito bem e se perfumou, como se estivesse preparando-se para uma noite de festa.

Parecia um milagre, pois, de repente, tudo acontecia como mágica. Estávamos felizes. Preparamos a fogueira como ele sempre fizera para suas magias quando necessário, e sentimos que aquele seria o momento de ele recomeçar. Todos se reuniram e o trabalho mais lindo foi realizado através das magias de Caio, com as labaredas que pareciam emitir som de cânticos na aproximação dele com seus punhais. Ele fez todas as orações pedindo o bem-estar de nosso povo, a segurança e a volta da alegria entre nossa gente.

Rosália apareceu e abraçou forte aquele que um dia fora o seu menino e que recebera dela toda a educação que o transformara em um grande homem. Abraço apertado, lágrimas que caíam nos ombros de ambos, sem nada precisarem dizer um para o outro. Rosália começou a cantar e todos acompanharam com as palmas dentro do ritmo. Caio pediu que trouxessem Mirtes, sua filha, que veio vestida como se fosse uma rainha. Ela já começara a dar seus primeiros passos e, para alegria de Caio, já trazia aquele jeitinho, muito especial, parecido com o de sua mãe. Fazia com as mãozinhas igualzinho a Sheila. Isso foi muito bom, pois, pela primeira vez, a alegria voltava para todos. Embora os olhos mostrassem que os sorrisos eram tristes, naquele momento tudo parecia lindo.

Podíamos sentir a presença de Sheila entre nós. Caio estampou no rosto o mesmo sorriso de antes; todos cantavam e ele dançava como se estivesse acompanhado por Sheila. A alegria e a felicidade daquele momento foram tão grandes que jamais poderiam deixar de ser vividas por todos os que dançavam em redor de Caio.

Um som se ouviu cada vez mais perto. O som do velho violino tocado pelo Sr. Afonso, que chegava com uma alegria estonteante. O seu sorriso mostrava que a vida continuava, apesar de tudo, e que alguém precisava dar o primeiro passo para que tudo voltasse ao normal, pois, mesmo sabendo que Sheila não estava visível para nós, com certeza ela estava presente, pois sentíamos no ar o seu perfume, e as ciganas dançavam com uma suavidade inacreditável. Pareciam estar com o encanto que Sheila passava para todos quando dançava. Realmente, parecia que nossa menina estava ali presente, eu podia senti-la. Meu Deus, que vontade de abraçá-la, de poder sentir de novo o seu coração bater forte depois de dançar, sentir seu suor no meu rosto quando ela me abraçava, que vontade, meu Deus, de ouvir de novo: "Eu te amo, mãezinha!".

Comecei a chorar, mas de felicidade. Peguei Mirtes no colo e dancei feliz. Tudo foi lindo e permaneceu até de manhã.

Quando todos já estavam em suas barracas descansando, assim que coloquei minha cabeça na almofada, eu pude ouvir direitinho:

— Eu te amo, mãezinha!
— Também te amo, minha menina – respondi. – Também te amo. – E adormeci.

XXIII

Um Presente para Caio

    Depois daquela noite, quando o dia se fez, notamos que tudo mudara. Parecia que Sheila estava novamente presente entre nós. Rosália nos convidou para conversar em sua barraca, onde dizia:
– Vamos hoje ter uma conversa franca e verdadeira, aproveitando para falar tudo que tivermos vontade. Às vezes sinto que muitos de nós queremos falar algo, mas achamos melhor nada dizer para não voltar ao passado ou para não ficarmos tristes. Mas vamos falar agora tudo o que quisermos. – Rosália continuou dizendo: – Como sou a cigana feiticeira de nossa gente, quero dizer a todos que a vida continua. Sheila simplesmente partiu para a pátria espiritual e de lá nos vê, e não fica nada satisfeita de ver sua gente triste por causa de sua ausência, sentindo-se culpada. Ela vivia uma vida de alegria. Não nos lembramos, entre nós, de ter havido um dia de tristeza ou de angústia para Sheila. Ela era simplesmente vida, e a vida dela continua; por isso, devemos continuar vivendo intensamente, sem tristezas e sem queixumes.
– Depois da noite de ontem, sinto que devemos continuar como antes. Temos entre nós uma parte viva de Sheila e de que devemos cuidar como se fosse realmente nossa. Trata-se de

Mirtes, que, mesmo muito pequena, sente a tristeza de todos. Garanto a vocês que ela também sente a falta de sua mãe, que era alegre, feliz, que vivia cantando e se comunicando com todos com muita graça e alegria.

– Quando nossa irmã a ganhou de Deus, foi um presente que Ele deu a todos de nosso acampamento. Digo ainda a todos que Mirtes é a continuação de Sheila e, portanto, temos muito de ser alegres e felizes, pois o que sustenta a nossa raça sempre foi e será a nossa liberdade de ir e vir, e não esqueçamos jamais que o alimento de nossa alma é a alegria de nossos corações, as nossas danças e nossas andanças.

– Tenhamos força. A partir de hoje faremos tudo para que a alegria e a felicidade voltem a reinar junto de nós. Sheila estará sempre presente e temos por obrigação estar felizes para sua elevação junto de Deus.

– Que nossa Protetora nos cubra com seu manto e nos proteja, livrando-nos de todos os males e afastando de nós os maus espíritos. Mas, continuaremos rezando para que eles tenham luz, pois é através da luz que esses espíritos irão encontrar a paz. Quero com isso dizer que, enquanto não perdoarmos Mariene, ela jamais nos deixará em paz.

– Eu, Rosália, sinto que o ódio acompanhou Mariene e que ela vive no mais profundo inferno de sofrimentos, e portanto não tem paz; não a tendo, viverá entre nós tentando nos prejudicar e isso pode nos perturbar.

– Então, temos que ter muita fé em Deus, abrir nossos corações ao perdão, pois só o perdão poderá trazer a paz a nosso povo. A vida continua, e devemos vivê-la como muitas vezes já foi dito, viver intensamente a cada instante como se fosse o último. Somos um povo livre, não nos prendemos a nada nem mesmo à vida terrena. Como a nossa própria Sheila dizia, nada nesta vida é eterno, e portanto tudo tem princípio e fim, e no meio desse princípio e fim devemos viver, viver de verdade com o máximo de amor no coração, doando-nos de corpo e alma ao que a vida nos oferece.

– O amor é o alimento da alma, e quem tem uma alma feliz jamais conhecerá o que é tristeza. Sheila deveria chamar-se Felicidade, pois todo o tempo que passou junto de nós, mesmo nos momentos mais difíceis, nunca a sentimos triste e era impossível ficar triste perto dela.

– Portanto, meus irmãos, vamos pregar e viver os mandamentos de Sheila. Tristeza nunca mais estará em nosso acampamento, pois ela não faz parte de nossas vidas. Que seja bem-vinda a volta da felicidade junto a nós e que o perdão seja dado de coração para a nossa própria paz em nome de Deus e de nossa Protetora.

– Logo mais, à noite, acenderemos nossa fogueira e dançaremos para Sheila. Cantaremos para ela e faremos tudo que ela gostaria de fazer. Assim, saberemos de sua satisfação, esteja ela onde estiver. Alegria, minha gente.

Caio ouviu tudo em silêncio e podíamos sentir que ele concordava com tudo o que ouvia. Seu semblante era outro. Os seus olhos jamais voltariam a brilhar como antes, mas podíamos sentir que Deus atendera nossos pedidos e que Caio voltara a viver novamente, pois sua etapa na terra ainda não tinha terminado. Mirtes, em seu colo, parecia que entendia tudo, pois não chorara nem um pouco, enquanto Rosália falava. Todos estavam tranquilos e parecia que precisavam ouvir tudo que acabara de ser dito. Impressionante a paz, o aroma, a calma, a tranquilidade que todos sentíamos nos momentos em que Rosália nos falava com um tom de voz que jamais havia saído dela.

Não quero dizer com isso que Rosália tinha voz brusca, não. É que naquele dia, realmente, seu tom de voz era outro. Parecia que ela falava por outra pessoa e, às vezes, nos confundia com o jeito que Sheila tinha quando nos fazia ouvi-la, calma, tranquila e serena.

O Sr. Afonso estava junto de nós e pediu a palavra dizendo:
— Pude ouvir que logo mais teremos festa. Pois que Deus nos abençoe e nos proteja. Agora, sim, estamos agindo conforme nossa raça. Rosália tem toda a razão. A vida não acaba. Tenho certeza de que do outro lado ela continua, e quem fica aqui tem como dever e como obrigação dar continuidade, justamente por sabermos que tudo tem que continuar, tudo tem que ter prosseguimento. Nada acaba, tudo se renova. Vamos então expulsar a tristeza e dar lugar à alegria, para que ela volte a sustentar nossas almas e nossos corações voltem a sorrir, pois só assim nossos entes queridos do outro lado ficarão felizes. Eles dependem de nossas energias de amor e alegria para continuar a viver como nós, felizes.

O Sr. Afonso terminou de falar e foi para casa. À tardinha, quando quase se fazia noite, ele voltou correndo, ofegante, mas feliz, gritando o nome de Caio.

Podíamos sentir que suas pernas estavam tremendo. Suas mãos, também trêmulas, seguravam um velho violino que ele entregou para Caio dizendo:

— Tome, é seu. Ouvi Sheila me pedindo que lho entregasse para que você volte a tocar. Tome, Caio, ele é todo seu. Foi herança que meu pai me deixou. Tome e volte a tocar para que voltemos a dançar.

Caio aceitou prontamente, pois sabia que o Sr. Afonso falava a verdade. Pegou o violino, deu-lhe uma boa lustrada, deixou-o brilhando e deu seus primeiros acordes para testá-lo.

A noite chegou. Tudo parecia estar realmente pronto para uma grande festa. Fogueira acesa, castanhas assando, e o cheiro forte e gostoso dos assados que preparávamos com muito prazer. Doces, vinhos, fitas coloridas e todos bastante felizes. Parecia, naquela noite, que iríamos receber alguém muito importante ou que teríamos uma festa de casamento.

As ciganas muito bem-arrumadas, felizes, animadas e cantarolando como há muito tempo não faziam. Tudo parecia como antes. Eu vesti Mirtes, que parecia a miniatura da mãe. Ela estava feliz. Faltavam apenas dois meses para completar um aninho de vida. Já dava seus primeiros passos segurando o que encontrava pela frente. Balbuciava algumas palavras que poucos entendiam.

Caio tentava sempre, a todo custo, que ela aprendesse primeiro a falar a palavra "mamãe". Ela ficava olhando para ele com os olhos que diziam algo que ninguém entendia. Parecia a mãe, quando se zangava. Lembro bem que, quando Sheila se zangava, ela chegava perto da pessoa, a olhava nos olhos por alguns instantes e depois dizia somente:

– Sheila não gostou, portanto não repita, mas, mesmo assim, te amo.

Depois saía e, quando se encontrava de novo com a pessoa, parecia que nada havia acontecido, pois ela jamais guardara rancor de alguém.

Caio ensinava sua filha a falar, mas continuava insistindo para que Mirtes falasse primeiro a palavra "mamãe". Rosália um dia disse, após assistir à insistência de Caio:

– É, a briga é feia, vamos ver qual será a primeira palavra, se é mamãe ou papai.

Ninguém entendeu Rosália, mas eu entendi.

Anoiteceu. Havia ao redor de nosso acampamento umas árvores de minúsculas flores amarelas. Naquela noite, quando todos dançavam, de repente, Caio começou a tocar uma canção que tocava somente para Sheila dançar. Pois muito bem. Todas as ciganas fizeram como sempre. Pararam de dançar e esperaram que Sheila saísse de sua barraca dançando suavemente até chegar aonde Caio então acelerava mais a canção e a poeira subia com o seu sapateado.

As árvores começaram a balançar e soltaram as flores amarelas que cobriram o solo; sem que percebêssemos, fizemos um círculo para que Caio pudesse tocar e dançar. Mas ele não dançava sozinho. A poeira levantava do solo e formava uma nuvem iluminada pela fogueira e todos puderam ver a sombra de Sheila dançando para nós. Caio gritava, gritava alto:

– Dance, minha amada, dance para nós!

Ele se emocionava e continuava a tocar. O Sr. Afonso, vendo aquilo, ao sentir a presença de Sheila, veio chegando devagarinho e, de repente, começou a dançar, batendo forte suas pesadas botas de couro naquele solo, que só os olhos de quem podia ver poderiam encantar-se e até desfalecer perante momentos tão mágicos e misteriosos como os daquela noite. Do mesmo modo que ventou e as flores cobriram o chão, estas desapareceram deixando no ar o forte perfume que Sheila usava. Todos batiam palmas pelo espetáculo, e Caio e o Sr. Afonso se abraçaram com uma profunda felicidade.

Caio então falou:

– Minha Sheila não morreu, ela continua viva.

Tudo acabou bem e fomos dormir felizes, agradecendo a Deus pela força de nossa gente, pelo amor que nos une, pela nossa união e pela nossa fé.

O dia amanheceu e resolvemos ir até a mina para pegar água para nossas necessidades. Quando lá chegamos, o pequeno lago cercado por grandes pedras estava todo coberto por aquelas flores amarelas. Mistério? Não!

Rosália me olhou e me abraçou dizendo:

– Sheila continua fazendo maravilhas como só ela é capaz.

Aproveitamos e nos banhamos. Mirtes estava feliz, pois adorava ficar na água. Graças a Deus, todos voltaram à felicidade.

XXIV

A Morte de Caio

Dois meses se passaram. Mirtes completava um ano de vida. Tudo foi feito conforme Sheila gostaria que fosse. Vestimos Mirtes, que, encantada com o colorido da roupa, se deliciava em sorrisos que a todos encantava. Minha neta estava linda. Caio, muito feliz, dançava com a filha nos braços enquanto o Sr. Afonso tocava lindas canções e até cantava. Mirtes sorria no colo de Caio e parecia que os dois flutuavam no chão enquanto dançavam. Que orgulho o meu, meu Deus!

Naquele dia, Mirtes segurou o rosto do pai entre suas pequenas mãozinhas e disse:

– Papai!

Sinceramente, não tenho palavras para descrever a felicidade que todos sentiram, ao ouvir essa palavra, que há tempo estavam esperando.

Caio então respondeu, olhando para sua filha, feliz da vida:

– Tinha que ser primeiro papai, não é, meu amor? Agora diga mamãe!

Mirtes, olhando para o pai, repetiu novamente:

– Papai!

Caio apertou a filha nos braços muito feliz e, olhando para o céu, agradeceu a Deus por sua felicidade. Eu e Rosália nos olhamos e nos abraçamos também felizes.

E assim o tempo foi passando, e ali, junto ao Sr. Afonso, parecia que tínhamos morada fixa, pois não conseguíamos ter coragem de deixá-lo, nem àquele lugar que, a pouca distância dali, guardara para sempre o corpo de nossa Sheila.

O tempo passava, tudo tranquilo. Muitos trabalhos, muitos bordados, e todo o pessoal da redondeza aparecia sempre em nosso acampamento para ver a sorte. Caio trabalhava fazendo tachos de cobre que eram muito usados por todo o pessoal de boa situação. Fazia também peças de ouro. Era um homem bastante ocupado e muito inteligente. As ciganas faziam e vendiam peças bordadas, mantas, xales, liam a sorte, dançavam na praça do lugar, sempre protegidas pelo Sr. Afonso; enfim, tudo era muito bom e acabamos nos acomodando por muito tempo ali, naquele paraíso.

Um dia, acordamos com a bela notícia de que haveria um casamento de um pessoal nosso de outro grupo. O Sr. Afonso e sua esposa logo foram falando que iriam conosco e que não seria necessário levar todas as carroças. Na verdade, nós sentimos que ele não gostaria que fôssemos sozinhos, com medo de não voltarmos.

Ao chegarmos ao outro acampamento, fomos todos nós e toda a família do Sr. Afonso muito bem recebidos. A história de Sheila foi lembrada de uma maneira muito bonita. Apenas com o olhar de amor e abraços apertados deixando que o silêncio pudesse fazer-se presente. O silêncio em certas ocasiões é o que mais fala e o que mais se ouve, e ele também quando presente é simplesmente o sinal de respeito, de carinho e de muito amor. O silêncio fala muito mais que muitas palavras ditas pela nossa boca. É a voz do coração que se faz presente.

Depois de abraços e apertos de mãos, comemoramos com canecos de vinho a nossa chegada. No dia do casamento, tudo aconteceu de acordo com nossa tradição. Todos muito elegantes e ricamente vestidos, pois se tratava de irmãos ciganos que souberam trabalhar e guardar suas moedas, as quais ao longo do tempo os fizeram ricos.

A Morte de Caio

Notamos que naquele dia Caio levantou-se muito cedo, agarrou-se com sua filha e não a largava para nada. Ele conversava, brincava com ela, e notamos que ele estava com o coração muito triste, sofrendo, e sabíamos o porquê. Ele devia estar lembrando do dia do seu próprio casamento com Sheila e isso o deixara triste por não tê-la mais perto dele. Por isso, agarrava-se à filha para distrair-se da lembrança.

À noite, quando a cerimônia começou, foi pedido a Caio que tocasse a canção para os noivos. Caio estava lindo. Seu semblante, apesar de triste, lhe dava mais autoridade e beleza. Ele recuou um pouco, mas seria desagradável e até desfeita se ele não tocasse naquele momento. Pegou então seu violino, olhou firme para sua filha, que o encorajou com o olhar, e então se pôs a tocar.

Depois de algumas canções, para que os noivos fossem para os seus aposentos, Caio tocou uma canção ainda mais especial. A canção que ele tocara para sua amada. Suas lágrimas caíam em seu rosto. Sua expressão era séria, parecia querer mostrar que era forte. Todos fingiam não perceber, e Mirtes, agarrada às suas pernas, parecia lhe dar força e coragem.

Dias depois, com noites alegres e muitas danças, resolvemos então voltar a nossa morada. Não parecia mais um acampamento comum, pois já fazia tempo que lá estávamos. Não conseguíamos deixar o Sr. Afonso nem aquele lugar, mesmo porque, apesar de tudo, éramos felizes ali.

O tempo foi passando e um dia resolvemos levantar acampamento. Caio chamou a todos para uma conversa e foi dito o seguinte:

– Somos ciganos andarilhos, não nos prendemos a nada, temos nosso modo de viver e, se ficamos aqui até agora, tudo bem. Mas, acho que chegou a hora de irmos embora. A lembrança desse lugar com certeza vai nos acompanhar, mas é preciso ter coragem e continuar nossa vida como antes. Não sei até quando vai a nossa força, mas sabemos que somos fortes e com certeza vamos conseguir.

Chamamos o Sr. Afonso, que parecia já saber de tudo. No dia seguinte, Caio sumiu pela manhã e ninguém sabia para onde ele havia ido, pois a ninguém ele disse. Rosália acalmou a todos dizendo:

– Não se preocupem. Sabemos muito bem para onde foi o cigano Caio. Às vezes, as despedidas são necessárias. O coração de Caio quer falar alto, quer explodir, então deixemos que ele faça o que quer. Afinal, não somos livres? Não fazemos o que queremos?

O Sr. Afonso foi encontrar-se com Caio, que fora visitar o túmulo de sua esposa.

Dias depois, levantamos acampamento. Dessa vez, sim, não dava para não sentir. Não havia mais aquele violino tocando pelas estradas nem ouvíamos mais aquela doce e encantadora voz que acompanhava Caio em suas canções nas estradas da vida.

Parecia que nossos carroções estavam pesados e não queriam sair do lugar. Sentíamos falta de Sheila. A tristeza nos pegou a todos de forma muito forte que não tínhamos como evitar, pois, afinal, somos humanos, iguais a todos. Embora fortes, somos sensíveis, pois temos no peito um coração que ama e que também sente saudades. Que falta nos fazia a presença de Sheila!

Com o passar das horas, um milagre parecia acontecer, pois, sentíamos que assim como a brisa batia em nosso rosto, trazia junto um carinho que acalmava a todos. Chegamos então a uma pequena cidade muito bonita e acolhedora. Muita gente bonita, simpática, animada. Parecia que sabia que precisávamos muito de alegria, de festas, para alegrar nossos corações, que estavam cheios de saudades. Armamos nossas barracas e, depois, todas as noites foram de danças, fogueiras e tudo mais que era de nosso costume.

O tempo passava, mudamos várias vezes de acampamento e tudo parecia ir bem, pois a vida tinha que continuar. Caio nunca mais olhara para qualquer outra mulher. A cada dia que passava, sentíamos que sua expressão mudava. A tristeza começou a tomar conta de seu semblante e até de sua vida. Rosália tentou várias vezes conversar com ele, mas não havia como evitar aquela tristeza. Tudo foi feito, mas nada conseguimos.

Um dia, Caio não conseguiu levantar-se. Suas forças estavam enfraquecidas. Mirtes o acariciava sempre muito alegre, tentando passar para o pai a força que lhe faltava, mas nada conseguia.

Até que, finalmente, ele nos pediu que levantássemos acampamento no dia seguinte bem cedo, só que dessa vez com direção certa. Rumo à fazenda do Sr. Afonso. Não tínhamos mais dúvida de nada. Sabíamos por que ele estava doente e por que queria voltar para a fazenda.

A viagem foi longa. Dias e dias em estradas com chuva, com muito barro. Passamos por situações difíceis. Caio se sentia mais e mais triste e enfraquecido. Jeremias fazia tudo o que podia, pois muito tinha aprendido com Caio, e assumiu suas tarefas com dignidade; porém, não conseguia esconder sua preocupação e sua tristeza pela situação vivida. Caio, quando podia, dizia ao amigo:

– Força, Jeremias, pois as minhas estão acabando.

Depois de longos dias, chegamos à fazenda do Sr. Afonso, que já nos esperava, pois alguém que passou por nós já o havia avisado de nossa chegada. O que o Sr. Afonso não sabia era do estado de Caio, e, quando soube, ele, prontamente, o pegou e o levou para sua casa, tomando todas as providências para que Caio fosse cuidado.

Mandou chamar o médico da cidade e novamente aquele curandeiro. Nossas barracas foram armadas com ajuda do pessoal do lugar, e procuramos todos descansar, pois dessa vez a viagem fora muito longa e sem paradas para descanso. Estávamos exaustos.

O médico chegou e disse ao Sr. Afonso que Caio estava muito enfraquecido e que precisaria de uma alimentação muito forte. Tudo foi providenciado, mas ele não conseguia comer, não tinha fome, enjoava com o contato da comida, e assim ia enfraquecendo cada vez mais. Os dias se passavam; Caio não ficava bom. Rosália já não fazia mais nada. Entregou tudo nas mãos de Deus e nos disse:

— Temos que ser fortes. Caio ficará bem.

O curandeiro que o Sr. Afonso mandou vir examinou Caio e disse-nos:

— Vocês sabem o que está acontecendo. Tudo agora está nas mãos de Deus. O cigano Caio resolveu que a vida não tem mais sentido e que não quer mais viver. O que fazer, se nada ele quer que faça? Vamos respeitar sua vontade, pois nada acontece se não for permitido pelo Pai que a tudo vê e a tudo assiste. Acalmem-se, rezem por sua alma e se preparem.

As palavras do curandeiro e feiticeiro nos acalmaram e passamos a rezar.

Um dia, Caio chamou Jeremias e lhe entregou um medalhão. Era o medalhão de Orlânio, que antes de morrer o dera a Caio para que liderasse nosso povo. Jeremias se pôs a chorar quando saiu da barraca de Caio. Ajoelhou-se no solo e chorou com a cabeça presa entre as pernas e com o medalhão apertado na mão. Depois de um longo tempo, levantou a cabeça, colocou o medalhão no peito e o escondeu entre suas pesadas roupas.

Jeremias sempre usara um colete feito de retalhos de couro todo colorido enfeitado por correntes e moedas de cobre. Ele era um cigano alto, forte e muito trabalhador. Jamais dispensara um caneco de vinho antes de começar seu dia. O vinho era o desjejum dele. Ele era um irmão de grande confiança de Caio e por isso recebeu o grande compromisso de tomar conta de nossa gente. Ele respirou fundo e foi em direção a Rosália, que a tudo assistia, e sem uma palavra os dois se abraçaram. Depois, ele disse a Rosália:

— Senhora, o que guardo em meu peito é para ser dado à cigana Mirtes assim que sua idade for propícia.

Rosália respondeu:

— Está bem guardada, meu rapaz, está bem guardada. Zele por isso.

O tempo foi passando e, um dia, Mirtes veio correndo ao nosso encontro gritando:

— Vovó, vovó... mamãe, mamãe – e apontava para a barraca de seu pai.

Corremos para a barraca de Caio, e o Sr. Afonso, do lado de fora, já com lágrimas no rosto, sentia-se confortado.

Entramos e encontramos Caio já sem vida. Seu semblante estava lindo. Ele tinha um sorriso nos lábios e os olhos abertos. Sua expressão era de felicidade. Na barraca, podíamos sentir o perfume que Sheila usava e até mesmo sua presença. Caio estava morto, mas estava feliz. Mirtes chegou junto ao pai e passou a mãozinha fechando seus olhos. Caio finalmente se encontrara com sua amada esposa, conforme lhe prometera. Os dois agora estavam juntos novamente.

Seu corpo foi enterrado junto ao corpo de Sheila. Dessa vez não houve muito choro pois podíamos sentir no ar e dentro de cada um de nós que Caio estava bem. Parecia que havíamos nos preparado para sua partida. Era uma sensação de perda, mas, no fundo, sentíamos que a felicidade de Caio estava contagiando a todos do acampamento. Na hora do seu sepultamento, uma neblina fina caiu sobre nós por alguns instantes, e de repente duas borboletas azuis pousaram no túmulo dos dois. Eu e Rosália nos abraçamos e ela então disse:

— Posso apostar que eles dois estão juntos. É a força do amor, minha irmã! A força do amor!

Epílogo

O tempo foi passando. Mudávamos de acampamento, mas sempre retornando à fazenda do Sr. Afonso. Mirtes crescia. Parecia a própria Sheila entre nós. Linda, doce, sempre muito feliz. Dançava como a mãe. Era realmente a cópia de Sheila. Jeremias era um bom rapaz, sempre orientando a todos com amor e dedicação.

A alegria voltava entre nós novamente, acompanhando o crescimento de Mirtes, a cada dia mais e mais. Ela estava ficando rica, seu baú já guardava muitas moedas de ouro que ela ganhava com suas danças, mesmo sendo ainda muito jovem.

Quando íamos acampar na fazenda do Sr. Afonso, Mirtes visitava o túmulo de seus pais e, quando lá chegava, cantava todas as canções que seu pai cantava para sua mãe. Ela nunca deixará de fazer isso, tenho certeza.

O Sr. Afonso, em uma de nossas visitas a sua fazenda, se encontrava doente e quem cuidou dele foi minha neta. Ele, mesmo muito velhinho, continuava alegre e tentava dançar com Mirtes, mas o cansaço sempre o vencia. Rosália, minha velha amiga e companheira, sempre tentava me reanimar, mas meu corpo já estava muito cansado e precisava descansar, ela sabia disso.

Jeremias era o espelho de Caio. Sério, carinhoso, pouco falava, mas seu olhar era tudo que ele precisava ter para o comando de nosso povo. Ele não era muito de dançar, mas quando o fazia era realmente um espetáculo bonito de ver. Depois de algum tempo, ele se apaixonou por uma bela cigana de nosso acampamento, vindo a se casar. Teve filhos lindos que me chamavam de vovó, como Mirtes.

Luana também continuou a dançar como Sheila a ensinara, e ganhava muitas moedas de ouro, que guardava para confeccionar seu enxoval de casamento. Ela demorou muito a se casar, mas era o seu destino casar um pouco mais velha. Isso não tem importância para a felicidade de quem se ama, pois o amor não tem idade, simplesmente vive.

Eu gostava muito de Jeremias e de sua esposa. Os dois faziam um par perfeito e tinham a confiança de nosso povo. Isso me tranquilizava muito. Sentia que podia morrer em paz e sem preocupações.

Todas as noites eram de festa. A alegria misteriosa tomou conta de meu povo novamente e eu sentia que lá do alto meus amores, Sheila e Caio, estavam felizes. Mirtes era amada e querida por todos. Ela herdara de seus pais a alegria, o seu jeito manso de ser, o seu carinho por todos, mesmo não sendo de nossa gente.

Lembro-me de uma vez em que ela trouxe uma senhora que estava faminta para que pudéssemos alimentá-la, e isso foi feito por ela própria. Mirtes só nos deu alegria e felicidades. Apenas uma vez adoeceu, mas era muito forte e se recuperou logo de uma doença no pulmão, talvez por gripe malcurada.

Eu estava ficando doente e enfraquecida, e minha neta cuidava de mim com muito carinho e amor; mas eu sabia que não iria ficar muito mais tempo junto de meu povo. Sabia que iria morrer. Sheila foi a coisa mais importante de minha vida. Ela me deu força para suportar uma dor muito grande que passei quando ainda muito jovem. Eu tinha apenas 34 anos quando sofri uma grande tragédia em minha vida, mas, desde que Deus me presenteou com a presença de Sheila, nunca mais tive sofrimentos, somente alegria e satisfação. Nunca mais tive nem mesmo tempo para pensar em sofrimentos, pois Sheila veio justamente para me fazer reviver, para me fazer entender que nenhum sofrimento que viermos a passar em nossas vidas é motivo para não mais viver, e sim estímulo para termos ainda mais forças e dignidade, pois até mesmo para sofrer temos que ter dignidade para não enfraquecermos e não lamentarmos, pois todo sofrimento é um aprendizado, e não devemos deixar que nessas horas a fraqueza tome nossa frente. Devemos, sim, é nos armar com toda a força do amor, da fé e da certeza de que tudo passa e nada fica, somente as boas obras e nada mais, e com essas armas enfrentar as guerras da vida na certeza da vitória. Temos que a todo momento lembrar que somos fortes, poderosos, e que nada é motivo para nos desesperar, mesmo porque de nada adianta. A felicidade, aquela felicidade que muitos de nós queremos ter, não existe. O que existe mesmo são momentos felizes que a vida nos oferece, e que devemos, por isso, vivê-los todos com garra e com muita intensidade. Não pensem nunca que, saindo por aí, vamos encontrar a felicidade, pois ela está é dentro de nós mesmos.

Portanto, vamos à luta, vamos à vida e vamos também espantar todo o mal com um belo sorriso nos lábios desde a hora que nós acordamos, já pelo simples fato de termos acordado mais um dia para a vida.

Devemos também saber que a vida continua mesmo depois de desencarnados e que do outro lado temos a continuação de tudo. Portanto, vamos estar sempre prontos para essa grande viagem que não tem hora marcada nem mesmo aviso e, por isso mesmo, devemos estar com nossa bagagem pronta, tendo apenas o necessário... o amor e a certeza de nosso dever cumprido para com Deus.

Esta vida é cheia de surpresas. Existem as surpresas boas e as ruins, e devemos estar preparados para todas elas, aceitar as coisas boas e ter dignidade para aceitar também aquelas que porventura venham a nos fazer sofrer. O amor é a fonte maior da felicidade. O amor é o veículo de toda a fortuna da vida, fortuna de sentimentos de verdade, fortuna da felicidade de quem ama e sabe se fazer amar. Sheila foi uma criatura muito amada. Sheila se tornou cigana por amor.

Seja você também fonte de energia, de amor e de carinho para levar a todos a inspiração da vida.

Ensine a todos que a vida é passageira e que somos passageiros dela, e ensine também a todos a embarcar nos carroções da alegria e viajar pelas estradas da vida, sempre a sorrir, a cantar e a sonhar os sonhos mais lindos possíveis, tornando-os todos em perfeita realidade.

Seja nesta vida o tudo e o nada. TUDO que possa fazer a felicidade de toda a humanidade e NADA que possa fazer alguém menos feliz. Enfim, seja você também uma SHEILA.

Fim

Rezas e Feitiçarias da Cigana Rosália

1. Para tirar mau-olhado

Pegar um ramo de qualquer galho verde, colocar a criança, se for grande, na frente e, se for pequena, no colo, pegar um copo com água e deixar do lado esquerdo da criança dizendo:

> *"Vento que trouxe, vento que leve. Que nosso Deus e nossa mãe Lua retirem desta criança todo mau-olhado.*
> *Vento que trouxe, vento que leve. Que a Virgem Maria, mãe de Jesus Cristo, limpe esta criança com seu leite sagrado para que a alegria volte a acompanhá-la.*
> *Fulano, Deus te fez, Deus te criou, Deus tire o mal que no seu corpo entrou.*
> *Vento que trouxe, vento que leve todo este mal para as águas onde não há seres viventes".*

Pegue o galho, quebre e jogue no copo com água. Depois, cave um buraco e enterre tudo o que está no copo.

Após a reza, dar um banho na criança da cabeça aos pés, fazendo a oração do Pai-Nosso.

2. Para retirar um mal qualquer (grave — para adultos)

Colocar a pessoa bem diante da lua, depois de fazer um círculo com um punhal ou uma faca virgem (sem nunca ter sido usada).

Fazer uma pequena fogueira com ervas de limpeza. Essas ervas deverão estar secas e são: guiné, levante, peregum, macaçá, aroeira e alecrim.

Depois que a fogueira for acesa e começar a sair fumaça, fazer a seguinte oração com muita fé:

> *"Força das águas, lave (Fulano) deste mal que está em seu corpo.*
> *Força da terra, enterre o mal que está em (Fulano) e que este mal não germine na sua força.*
> *Força do ar, leve para bem longe e que suma o mal que veio para (Fulano), pois a ele não pertence.*
> *Força do fogo, que queime todo mal que estava no (Fulano) e que vire cinzas para nunca mais voltar".*

Após essa oração, dar banho na pessoa apenas com ervas de alfazema ou jasmim.

3. Oração para limpar nossa casa de espíritos maus

Ficar bem no centro da sala de sua casa, ou no centro de todas as tendas de um acampamento, acender sete velas brancas, ou sete lamparinas, e dizer a seguinte oração:

> *"Senhor Deus, somos criaturas encarnadas feitas do vosso amor. Somos seres visíveis mediante a ti e a nossos semelhantes. Somos filhos de Deus encarnados e queremos viver em paz. Portanto, peço aos nossos anjos da guarda que nos livrem da presença dos maus espíritos que queiram nos fazer mal. Pedimos que nos deem forças para seguir a nossa caminhada na terra sem sermos prejudicados por forças invisíveis. Peço, em meu nome e de toda a minha família, que os bons espíritos que nos dirigem possam interceder junto a Deus e à Virgem Maria por todos nós. Que encaminhem os espíritos menos favorecidos a Deus, para que saibam de suas condições, que aprendam a amar e que possam assim seguir nos ensinamentos de Deus. E que este mesmo Deus proteja nossa família em nome da força maior. PAI, FILHO E ESPÍRITO SANTO, AMÉM".*

Para fazer essa prece é preciso que todos estejam em casa e que façam um círculo de mãos dadas e olhos fechados enquanto somente o mais velho da família faz a prece.

Se for em apartamento ou casa, as velas deverão ser acesas em um prato de metal, todas juntas.

Se for em acampamento, fazer um círculo com as velas e ficar todos no meio deste.

4. Oração para abençoar uma união

Esta prece deve ser feita na segunda noite de lua crescente com o céu estrelado e com a presença do casal. Não pode ser feita sem o casal presente.

Colocam-se os dois enamorados juntos em direção à lua crescente, sem ninguém presente a não ser a rezadeira, e com um ramo de alecrim ou macaçá dizer a seguinte oração enquanto o casal repete:

"Destino que Deus me reservou
E que nos meus caminhos botou
Este meu tão grande amor.

Reservai também para nós dois
As bênçãos do céu estrelado
Para que sejamos sempre
Dois eternos namorados.

Que o brilho das estrelas
Ilumine nossos caminhos
E que a partir de agora e sempre
Nunca fiquemos sozinhos".

Cruzar os dois com o galho de alecrim ou macaçá e dar aos dois uma taça de água pura, de preferência de uma mina colhida no mesmo dia, com duas pétalas de rosa vermelha. Os dois deverão beber dessa água e depois comer as pétalas de rosas olhando um para o outro bem dentro dos olhos.

Os galhos das ervas que foram usados para a reza deverão ser depositados ao pé de uma árvore bem frondosa.

Despedida

Eu, Elizabeth da Cigana Núbia, escrevi este livro, pois há muito tempo sentia junto a mim uma amiga espiritual que gostaria de contar as histórias de quando passou na terra.

Há uns quatro anos, ela sempre me rodeava pedindo-me que anotasse em um papel histórias que ela gostaria que muita gente de nosso meio soubesse.

O tempo foi passando e eu, muito ocupada, não a atendia.

Um dia, eu estava indo em direção à praia, na companhia de uma amiga, quando, de repente, senti que alguém estava do meu lado. A pessoa dizia: "Preste atenção, anote umas datas em um papel, pois de hoje em diante vou contar a minha história e quero que você a escreva. Agora... pode ser?".

Eu me assustei um pouco, mas pedi ao motorista um pedaço de papel, e ali mesmo comecei a escrever este livro. Desde então, minha vida tem mudado muito.

Graças a Deus, estou muito feliz, e espero que todos possam sentir, ao ler este livro, as mesmas emoções que eu senti ao lê-lo enquanto, com muito carinho, o escrevia.

Que Deus me abençoe, e também a todos que porventura leiam esta obra de amor que os espíritos ciganos me passaram, descrevendo assim as suas passagens nesta vida.

Salve o Meu Povo Cigano!